KB133875

나와
시험능력주의

너머학교
오늘의 교실
3

나와
시험능력주의

구정은 글 ✦ 유수정 그림

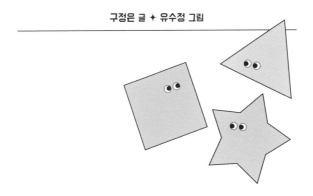

너머학교

차례

1장 우리는 모두 김종국이 될 수 있을까 7

지능이 계급이 되는 나라가 있다면 11
무엇이 문제일까요 15

2장 능력을 키운다는 것 17

자나깨나 스펙, 모든 것이 경쟁력 20
'아침형 인간'에서 '아침의 기적'으로 24
취직에 필요한 스펙은 '학력' 27
엄마 아빠 시대는 좋았잖아요 29
능력이 중요하지만 야근은 해야? 33
상위 1퍼센트가 될 확률은 1퍼센트 36

3장 신분 대신 능력으로 41

민주주의와 함께 자리 잡은 능력주의 44
가난으로부터의 '위대한 탈출' 48
'국가 경쟁력'에서 '나의 경쟁력'으로 51

4장   학력 사회의 탄생 57

재난보다, 전염병보다 무서운 '시험' 60

아빠 찬스 엄마 찬스, 비뚤어진 학벌주의 64

'시험만이 공정하다'는 믿음 68

선생님이 해마다 옮겨 다니는 이유 72

이 사다리가 '마지막 사다리'였으면 75

시험의 늪에 던져지는 청년기 79

공부, 더 공부……학력의 인플레 81

5장   모두 노력하는데 왜 불평등은 심해질까 87

코로나보다 무서운 불평등 바이러스 91

이겨라, 모든 것을 갖기 위해! 95

모두 내 탓, 모두 네 탓 100

누구에게 유리하게 해 주는 게 합리적일까 105

6장   함정에서 벗어나려면 111

노력과 능력으로 오르기 힘든 인공지능 시대의 사다리 114

인재를 양성한다지만, 통과하기엔 '너무 좁은 문' 117

안전장치를 만들자 119

능력주의를 고치는 것, 꿈이 아니다 124

모두의 행복을 위해 필요한 상상력 127

1장

우리는 모두
김종국이 될 수 있을까

"런닝맨 엄친아 OOO, 베테랑 유재석 완벽히 속인 완승", "런닝맨 명돌 자매의 밀가루 폭소극." SBS에서 방영하고 있는 예능프로그램「런닝맨」은 오랫동안 인기를 유지하고 있지요. 한국뿐 아니라 동남아시아에도 프로그램이 수출되면서 엄청난 인기를 끌었고, 출연진 몇몇은 '아시아권 스타'로 떠오르기도 했습니다.

　「런닝맨」의 면면은 다채롭습니다. '국민 MC'라 불리는 유재석처럼 예능감에 인품까지 겸비해 늘 모범으로 꼽히는 사람이 있는가 하면 '임팔라'라고 불리는 지석진처럼 허약하고 노쇠한(?) 캐릭터도 있고 '호랑이' 김종국도 있습니다. 멍 때리기를 잘 하고 잠이 많지만 불량기가 강림하면 막강한 파괴력을 과시하는 송지효 배우도 있고요. 이들이 때로는 각개격파로, 때로는 연합을 통해 서로를 공격하고 이름표 떼기 전투를 치르면서 보여 주는 모습들이 시청자들에게 웃음을 선사합니다.

프로그램 안에서 김종국은 '능력자'라 불립니다. 운동으로 다진 근육질 몸에 압도적인 힘과 속도를 가져 늘 강자로 분류되지요. 호랑이가 나타나면 임팔라와 기린은 벌벌 떱니다. 텅 빈 건물의 어느 모퉁이에 숨어 있다가 쏜살같이 나타나서 등 뒤를 공격할지 모르니까요. 대체로 능력자는 여러 게임에서 우수합니다. 말 그대로 능력을 가졌으니까요. 그런데 「런닝맨」이 재미있는 것은, 때로는 임팔라도 호랑이를 이기기 때문입니다. 능력자 앞에서 힘으로 버티기는 쉽지 않습니다. 약한 멤버들은 속수무책으로 당하거나, 아니면 지략으로 승부를 겨뤄야지요. 가끔은 운이 좋아 승리가 얻어걸리기도 하고요. 누구나 예상한 대로 승패가 정해져 있다면 예능이 될 수 없습니다.

「런닝맨」에서야 웃자고들 능력자니 멍자매니 하는 별명을 붙이고 속고 속이는 경쟁과 힘 싸움을 벌이지만, 실제로 우리가 살아가는 세상도 딱히 많이 다르지는 않습니다. 힘센 사람이 있으면 약골도 있고, 머리가 유독 좋아서 학습력이 뛰어난 사람이 있는가 하면 공부에서 다소 밀리는 사람도 있습니다. 성격이 급해 업무 처리를 번개같이 하는 사람이 있나 하면 주변 사람들을 속 터지게 만드는 사람도 있고요. 이런 사람 저런 사람들이 모여 사는 게 사회입니다.

모두가 제 색깔대로 살아갈 수 있다면 좋지만 세상이 어디 그런가요. 우리는 늘 조직 속에서 살아갑니다. 학교와 직장은 사람들이 인생에서 가장 오랜 시간을 보내는 곳입니다. 회사가 아닌 곳에서 프리랜서나 개인으로 일한다고 하더라도 우리가 이 사회에서 살아가려면 어딘가에 속해 있을 수밖에 없습니다. 일하는 분야, 무슨 무슨 업계 안에 있어야 먹고살 수 있기 때문입니다.

지능이 계급이 되는 나라가 있다면

먹고사니즘에 능력이 필요하다는 것을 부인할 사람은 없을 겁니다. 그 능력은 때로는 학력이라는 이름으로, 때로는 기술이라는 이름으로, 혹은 경쟁력이나 스펙이라는 이름으로 우리의 삶의 질을 규정합니다. 어떤 능력을 가졌느냐에 따라 직업이 결정되고 일하며 받는 보상의 액수와 직위가 결정되는 거죠.

오래전에는 신분제가 있어서 양반이냐 상민이냐 노비냐에 따라, 귀족이냐 평민이냐 노예냐에 따라 직업과 보수가 정해졌습니다. 하지만 현대 사회에서 그런 신분제가 이어지고 있는 곳은 거의 없습니다. 능력을 키우고, 능력에 따라 인정을 받고, 보수를 누려야 한다는 생각은 이미 우리 사회에 깊이 뿌리를 내렸습니다. 신분제와는 다른 이런 일과 보상의 시스템을 능력주의

(meritocracy)라고 부릅니다.

사실 능력주의가 사회의 틀로 굳어진 것이 그리 오래된 일은 아닙니다. 능력주의라는 말은 영국 노동당의 이론가였던 마이클 영(Michael Young)이 처음 사용했습니다. 그가 1958년 쓴 책의 제목이『능력주의』입니다.

> 내가 만들어 낸 말이기는 하지만 나 자신이 능력주의라는 핵심 개념에 관해 몇 가지 궁금증이 있었다. 친구는 이런 조어를 만들면 비웃음을 산다고 충고했다. (중략) '지능+노력=능력'이라는 명제는 새로울 게 없었고, 다만 그 명제가 정식화된 방식이 신선했다. 이제 개인의 능력이 유일한 잣대가 됐다. 이제 사람들은 출생에 따라 계급을 부여받지 않고 업적에 따라 할당받을 수 있다. 이 신조어는 특히 교육에 부여된 구실 때문에 매력을 발휘하게 됐다. 교육가들을 움직이는 동기는 '동등한 기회'를 누려야 하는 불우한 가정 출신 아이들을 향한 평등주의적 관심이거나, 아니면 언제 어디서나 무척 제한된 소중한 '능력의 총량'이 감소하는 상황을 피하려는 사회다원주의적 염려다. (중략) 이 사람들은 자기 자신이 새로운 엘리트 집단에 어울리는 성원이라고 믿거나, 적어도 미래의 능력자들이 만물의 질서에서 적절한 자리를 차지할 길을 열어 준다고 믿는다.
>
> ─마이클 영,『능력주의』「메리토크라시」 중에서

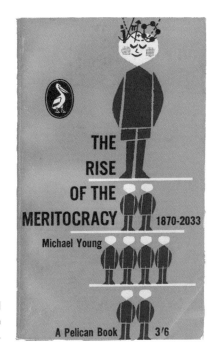

마이클 영의
『*The Rise of the Meritocracy*』
1958년 펠리컨북스판 표지.

이 책은 저자와 이름이 같은 가상의 사회학자 '마이클 영'이
2043년의 영국을 묘사한 내용으로 구성된 소설입니다. 사회를 평
론하는 학자의 논문인 것처럼 쓰인 독특한 소설이죠. 책의 줄거리
는 단순합니다. 신분제가 유지되던 영국에서 20세기에 귀족이 권
력과 부를 대물림하는 현실에 대한 반발이 커졌고, 그래서 평등을
지향하는 교육이 널리 보급됐습니다.

　　그런데 어느 순간부터 세계 각국 간 경쟁이 치열해지면서

'모두 똑같이 가르치는' 교육으로는 승부할 수 없다는 사실을 깨닫게 됩니다. 모두가 엇비슷한 능력을 갖게 되고 보수도 거의 평등해지자 영국의 생산력은 효율성이 떨어지고 다른 나라와의 경쟁에서 밀리게 된 거죠. 그래서 이 나라의 엘리트들은 평등이라는 허울을 벗어던지고 '능력에 따라' 운명이 결정되는 사회를 만드는 길로 나아갑니다.

여기서 능력은 곧 '지능과 노력의 결합'입니다. 지능은 타고난 것이고 노력은 후천적인 것이라 여기기 쉽지만, 타고난 자산이 없는 어리석은 사람들이 "평등한 기회를 달라."며 덤벼든다 해서 좋은 결과를 얻어 낼 수 있는 것은 아니라고 마이클 영은 말합니다. 물론 저자가 실제로 그렇게 생각한다는 것이 아니라, 소설 속 '마이클 영'의 말을 빌려 반어적으로 표현한 것이지만요.

소설에서 말하는 '결과'는 경제적 생산성과 통치의 효율성입니다. 머리가 좋은 아이들을 미리 골라내 '평등하지 않은' 교육을 통해 엘리트로 키우고, 그 엘리트들이 좋은 경제와 좋은 통치로 보답함으로써 머리가 나쁜 사람들까지 먹고살 수 있게 해 주는 사회가 왜 나쁘다는 말인가! '평등한 기회'는 그렇게 능력주의로 대체됩니다. 그 과정에서 소란과 반발이 없었던 것은 아니지만, 저항은 무력할 뿐입니다. 노동자는 제각기 직군에 국한된 능력을 가진 기술자가 되고, 노동조합은 엘리트들의 꼬임과 달램에 넘어가 주어진 일을 충실히 수행하는 것에 만족하게 됩니다.

사람의 지능을 어릴 적에 측정할 수 있게 되면서 어른이 됐을 때의 능력도 미리 평가할 수 있게 되고, 그 평가에 따라 사람들이 분류되고 직업이 정해집니다. 이 사회에서는 우리가 지금 알고 있는 형태의 정치도 필요 없습니다. '지능 귀족'들이 알아서 사회가 나아갈 방향과 어떤 정책이 좋은지를 결정해 주니까요. 그 대신 지능이 떨어지는 다수의 사람 모두에게 정해진 월급을 주면서 먹고살 수 있게 해 주죠. 영국은 100여 년에 걸쳐 능력주의가 강해지는 과정을 통해 메리토크라시, '능력 계급 사회'로 재탄생합니다.

무엇이 문제일까요

개인의 자질과 의지에 따라서 사회적인 지위와 보수가 결정돼야 한다던 평등주의가 결국은 능력 계급 사회로 향해 가는 과정, 소설이지만 소설 같지 않습니다. 60여 년 전에 영국 작가가 내다본 미래가 우리 사회의 모습과 어쩐지 너무 닮았기 때문입니다.

'지능'으로 모든 것을 결정짓지는 않는다 해도, 지능에 어느 정도 의존할 수밖에 없는 학력을 가지고 선을 긋는 사회. 의지와 노력이 중요하다지만 한 사람 한 사람의 '노오오오력'만으로는 성공하기 힘든 연줄 사회. 능력이 가장 중요한 것을 모두가 알고 있지만, 동시에 이 사회가 능력으로만 이뤄져 있지 않은 불공정한 사회라는 것 또한 모두가 압니다. 내 능력을 키우는 것이 우선이지만, 그것과 함께 이 사회도 고칠 구석이 많다는 것을 모두가 느낍니다.

능력대로 대접받는 것이 공정하다고 모두가 말하는데, 과연 그 결과 우리 사회는 공정한 사회가 됐나요? 능력을 키울 수 있는 여건은 공정하게 주어지나요? 능력이 없는 사람들이 힘든 삶을 살게 놔두는 것은 공정할까요?

능력주의 자체가 문제인 걸까요? 능력을 키우고, 능력에 따라 대우를 받고, 능력 있는 사람들이 늘어나 사회 전체가 발전한다는 개념 자체가 잘못된 걸까요? 아니면 능력주의가 비뚤어지고 왜곡된 것이 문제일까요? 능력주의에 어긋나는 불공정성이 문제인 걸까요?

2장

능력을
키운다는 것

여러분은 '능력'이라는 말을 들으면 어떤 것이 떠오르나요? 내신 성적? 수능 점수와 대학 진학? 꼭 그런 것만 있지는 않을 거예요. 축구를 잘하는 친구도 있을 것이고, 말 잘하고 토론에서 두드러지는 친구도 있을 겁니다. 손재주가 많은 아이, 활달하고 친구를 잘 사귀는 아이, 위로와 배려를 잘 해 주는 아이도 있을 거고요. 책을 많이 읽고 글을 잘 쓰는 것도 능력이고, 게임을 잘하는 것도 능력이 될 수 있죠.

　가끔 저는 이런 생각을 해 본답니다. '저 사람은 신석기 시대에 태어났으면 좋았을 것을.', '저 사람은 중세의 문헌학자였으면 딱 맞았겠어, 지적이긴 한데 고리타분해.', '아니, 쟤는 이 시대에 혼자 유교걸이야 뭐야, 왜 똘똘 싸매고 다녀?' 사회가 요구하고 평가하는 능력과 정체성은 시대에 따라 달라지니까요.

어쩌면 지금 여러분이 보고 있는 나의 모습, 친구의 모습에는 나와 그 친구가 가진 능력이 제대로 드러나 있지 않을 수도 있습니다. 사람은 고정된 존재가 아니고, 늘 변하니까요. 능력을 키운다는 것은 좋은 방향으로 변화해 나간다는 뜻이기도 합니다. 내게 없는 자질을 얻거나, 내게 있지만 아직은 씨앗에 불과한 자질을 키우는 겁니다. '이건 아무래도 도저히 안 되겠어, 이쪽은 내게는 맞지 않아.'라고 생각되는 것을 과감히 포기하고(!) 내가 더 잘할 수 있는 쪽을 선택해 자질을 키워 가는 것 또한 능력입니다.

돈벌이에 얽매이지 않고 나의 미래를 위한 노력과 선택에 집중할 수 있도록 주어진 시간이 청소년기입니다. 정해진 틀을 넘어서 다양한 가능성을 상상해 보는 시기인 거죠. 하지만 점점 더, 그런 노력과 선택을 평생 해야 하는 쪽으로 사회가 이동하고 있습니다.

자나깨나 스펙, 모든 것이 경쟁력

"매너가 경쟁력이다.", "이제는 매력도 경쟁력."

언론에서건 광고에서건 이런 얘기를 흔히 듣게 됩니다. 요즘은 자기 계발의 시대라고 하죠. 능력이 없으면 경쟁에서 밀리고,

남보다 못한 삶을 살아야 한다는 부담감을 요새는 아주 어린 나이 때부터 장착하게 됩니다. 엄마 아빠 세대들은 어릴 적에 시험을 잘 못 봤으면 '부모님께 혼나겠구나.', '선생님께 벌 받겠구나.' 걱정하기만 하면 됐는데 요즘 청소년들의 걱정은 그 범위를 훌쩍 넘어서 인생에 대한 고민(?)으로 나아가는 것 같습니다. 중학교 때 영어 성적이 좋지 않으면 외국어고등학교에 가지 못하고, 그러면 좋은 대학에 가지 못하고, 그러면 대기업에 정규직으로 취업할 수가 없고, 그러면 나중에…… 그러면 나중에…….

대학에 들어가려 해도, 취업을 하려 해도, 승진을 하려 해도, 돈을 많이 벌려 해도 결국은 능력이 있어야 합니다. 능력의 전제는 '경쟁'입니다. 대체로 모두의 능력이 커지면서 우리 사회가, 아니 세계 전체가 20세기에 이 정도 발전을 할 수 있었지만 점점 경쟁이 커져 가는 시기에 남과 똑같이 발전했다가는 뒤처질 수밖에 없습니다. 그런 위기의식이 어쩌면 개인과 국가 모두를 밀어붙이는 엔진일 수 있습니다.

이 경쟁에는 끝이 없습니다. 중고등학교 때에는 중고등학생들에게 필요한 능력 즉 성적을 얻어 내야 하죠. 대학에서는 대학생들에게 필요한 능력 즉 '취업에 맞는 스펙'을 갖춰야 하고요. 요즘 세상에서 정규직으로 취업하기는 쉽지 않습니다. 운 좋게 그 좁은 문을 뚫고 들어간다 해도 직장에서의 경쟁이 우리를 기다립니다. 은퇴할 나이가 됐다고 해서 경쟁이 끝나는 게 아닙니다. 노후에 안락하게 살려면 집 한 채는 가지고 있어야 하고, 연금과 저축도 좀 갖고 있어야 하고, 그러려면 젊었을 때부터 미리미리 준비해서 투자를 해 놔야 했고. 이렇게 우리의 경쟁은 반복되고 또 반복됩니다.

대학 입시 경쟁이라는 인생의 한고비를 넘기기 위해 만 6살부터 18살까지 꼬박 12년을 달려야 했던 사람들이, 이제는 사회에서의 경쟁에서 뒤처지지 않기 위해 다시 능력을 키우려고 나섭니다. 2021년 초에 나온 어느 언론의 기사를 한번 볼까요. 직장인들이 새해 소망에서 1순위로 꼽은 것은 '건강'이었습니다. 2위는? '자기 계발'이었습니다.

2021년 직장인들은 신년 소망으로 '건강'을 최우선으로 꼽았다. 평생교육 전문기업 휴넷은 지난 6~8일 직장인 820명을 대상으로 설문조사를 한 결과 2021년 이루고 싶은 소망 1위에 '건강'이 차지했다고 14일 밝혔다.

휴넷은 매년 동일한 설문 조사를 진행한다. 지난해는 '외국어 습득', '자격증 취득' 등이 1~2위를 차지했다. 하지만 올해는 '재테크', '이직/창업' 등 경제적인 항목이 상위권을 차지했다. 항목별로 살펴보면 '다이어트/금연 등 건강관리' 19.5%, '재테크 성공' 17.1%, '이직/창업' 15.2%, '자격증 취득' 12.8%, '외국어 습득' 12.2%, '연봉 인상/승진' 6.7% 순이었다. 이외에 '결혼/출산', '내 집 마련', '진학' 등이 뒤를 이었다.

－「뉴시스」, '직장인 새해 소망 1위는 건강…2위는 자기 계발'

2021년 1월 14일

해마다 같은 조사가 되풀이되는데 매년 사람들의 새해 소망은 엇비슷합니다. 외국어 배우기, 자격증 따기, 재테크, 내 집 마련 같은 것들이죠. 응답자들의 99퍼센트가 '올해 자기 계발을 할 계획이 있다.'고 답했답니다. 취직을 한 것만으로는 안 되고 계속해서 능력을 갈고닦아야 한다는 생각을 모두가 갖고 있는 거죠.

여기서 잠시 생각을 곱씹게 됩니다. 자기 계발이라는 것도 어떤 이들에게는 사치스러운 일일 수 있다는 점을. 한국인들의 노동 시간이 세계에서 손꼽힐 정도로 길다는 것은 모두가 알고 있지만, 아르바이트를 하느라 숨 돌릴 틈도 없는 사람들 혹은 학원에 갈 시간과 돈이 없는 사람들도 많다는 것을.

자기 계발에 열중하는 사람들 또한, 월급을 더 많이 받고 직업 분야에서 성공하기 위해서만 시간과 돈을 투자하는 것은 아닙니다. 책을 읽거나 외국어를 배우면서 우리는 더 넓은 세상을 접할 수 있게 됩니다. 열심히 돈을 모아 해외여행을 가더라도 영어를 한 마디라도 더 하거나 그 나라 말을 조금이나마 알 수 있다면 훨씬 즐겁게 여행하고 현지 사람들을 사귈 수 있습니다. 외국 드라마를 보더라도 그 언어를 안다면 미묘한 말투 차이나 자막에

23

나오지 않는 숨은 뜻까지 알아들으며 훨씬 재미있게 볼 수 있습니다. 세상은 넓고 알아 두면 재미있는 것은 너무나 많습니다. 책을 읽고 외국어를 배우는 것은 생각의 지평선을 지구 반대편까지 확장해 주고, 책상이나 소파에 앉아서도 오만 가지를 경험할 수 있게 해 주는 도구가 될 수 있습니다. 실제로 직장인들이 자기 계발을 하는 이유 중 가장 많이 든 것도 '자기만족'이었습니다. 스스로의 능력을 키운 결과가 내 삶을 풍요롭게 해 줄 수 있다고 믿는 거죠.

'아침형 인간'에서 '아침의 기적'으로

그런데 자기 할 일을 하면서 능력을 키우는 것은 쉬운 일이 아닙니다. 2000년대에 한동안 '아침형 인간'이라는 말이 유행했습니다. 일찍 일어나는 새가 벌레를 잡아먹을 수 있듯이, 아침 일찍 일어나 공부를 하고 건강 관리를 하면 성공에 다가갈 수 있다는 것은 우리 사회에 깊이 박힌 믿음과도 연결돼 있습니다. 어려운 말을 할 것 없이, 부지런한 사람이 성공한다는 거죠. 아침에 일찍 일어나는 것이야말로 부지런함의 상징 아니겠습니까. 물론 '일찍 일어나는 벌레가 일찍 잡아먹힌다.'는 정반대의 믿음을 실천에 옮길 수도 있겠지만 이런 사람들의 마음에도 위기의식이 느껴집니다. 잡아먹혀서는 안 된다는 절박감조차 없는 사람은 아마 없을 거예요.

아침에 일어나게 만드는 당신의 이유는 무엇인가? 따뜻하고 아늑한 침대를 벗어난 이유를 몇 초만 생각해 보자. 보통 우리는 매일 아침 시끄럽게 울리는 알람에 맞춰 눈을 뜨고, 어딘가로 가야 하기 때문에, 무언가를 해야 하기 때문에 겨우겨우 침대에서 몸을 일으킨다. 만약 선택할 수 있다면 계속 자는 쪽을 선택할 것이다. 그래서 우리는 자연스럽게 알람을 끄고, 기상이라는 불가피한 행위에 저항한다.

(중략) 지금의 나와 되고 싶은 나의 차이는 사람에 따라 다르다. 어쩌면 몇 가지 작은 변화로 충분히 좁힐 수 있는 차이일 수도 있고, 그 반대일 수도 있다. 간극이 너무 벌어져 당장 무엇을 해야 할지 모르고 있을 수도 있다. 어느 쪽이든 이것만은 확실히 해 두자. 나는 내가 되고자 하는 내가 될 수 있다. 차이를 뛰어넘는 것은 가능하다.

－할 엘로드, 『미라클 모닝』 중에서

'아침형 인간'이 한 단계 진화를 한 모양입니다. 요즘 많이 들려오는 말 중의 하나가 '미라클 모닝'이라는 겁니다. 기적을 만드는 새벽 시간 정도로 해석하면 되겠네요. "2030세대 사이에 미라클 모닝 열풍이 불고 있다."는 기사도 떴습니다.

미라클 모닝은 2016년 미국의 저술가 할 엘로드(Hal Elrod)가

쓴 자기 계발 책에 나온 개념이라고 해요. 새벽에 일어나서 자기 자신을 키우는 활동을 하는 것을 가리킵니다. 요즘에는 유튜브나 인스타그램을 통해 미라클 모닝 체험을 소개하고 서로 격려하는 사람들도 많습니다. 실천 방법은 사람마다 다릅니다. 운동을 하는 사람도 있고, 외국어나 경제를 공부하는 사람도 있고, 명상을 하는 사람도 있습니다. 요가를 하기도 하고, 경제신문을 읽으면서 주식 투자를 연구하기도 합니다.

이런 활동을 하는 사람들이 말하는 미라클 모닝의 좋은 점은 자존감이 높아지는 것이라고 합니다. 매일 정해진 시간에 일어나서 목표로 삼은 일들을 해내면서 자존감이 높아지고 생활이 더 만족스러워졌다는 거죠. 아침 일찍 일어나 창문의 커튼을 열고, 남들보다 하루를 길게 산다는 기쁨을 느끼는 것은 소중한 경험입니다. 하루하루의 작은 노력들이 쌓여 '더 나은 나'를 만들어 간다는 기쁨.

'아침형 인간'의 열풍이 세상을 휩쓸고 지나간 뒤에 한동안 그 반작용으로 경쟁에서 벗어나자는 '힐링(치유)'이 유행을 했어요. 그런데 다시 자기 계발의 시대로 가는 듯한 현상이 나타난 것은 코로나19와도 관련이 있다고 어떤 이들은 분석을 합니다. 전염병이 세상을 휩쓸고 경제가 위축되고 사람마다 우울증이 쌓여 가는 상황이 되다 보니, 스펙을 쌓기 위해서만이 아니라 스스로를 좀 더 들여다보고 돌보는 것으로 하루를 시작하려는 이들이 늘어

26

났다는 얘기입니다.

그런데 나를 키운다는 것은 대체 뭘 말하는 걸까요. 능력은 대체 어떤 것을 가리키는 말일까요. 어떤 능력을 어떻게 키울 수 있을까요.

취직에 필요한 스펙은 '학력'

사전적인 의미로 보면 능력은 문자 그대로 '무언가를 할 수 있는 힘'을 말합니다. 어떤 것이든 우리의 능력이 될 수 있어요. 토익 점수나 대학 졸업장만이 아니라 내가 갖고 있는 철학, 나만의 개성, 내게 남보다 많다고 생각되는 감수성, 나의 생활 습관 같은 것을 포함해서 모든 것이 능력의 발판이 될 수 있다는 얘기입니다.

우선 모두가 어린 시절부터 걱정하는 취업과 관련된 능력부터 볼게요. 코로나19로 가뜩이나 좁은 기업체 취업 문이 더 좁아진 2021년 2월, 일자리를 찾는 구직자들을 상대로 취업전문회사에서 조사를 했어요. 직장을 찾는 데에서 어떤 것이 필요한지, 어떤 것이 스스로 부족하다고 느끼는지를 물었습니다. 가장 많이 꼽은 것은 '학벌/학력'이었습니다. 한국 사회에서 '일할 수 있는 능력'을 평가하는 데에 어떤 것을 가장 보편적인 기준으로 삼고 있는지를 보여 주는 대답이었습니다. 두 번째는 영어 등 외국어 실력이었고 세 번째는 자격증, 네 번째는 인턴십 경험이었습니다.

청소년기에는 장차 취업이 잘 될 법한 전공을 골라 대학에 진학하기 위해 애쓰고, 대학에 간 뒤에는 취업에 도움이 될 것 같은 스펙을 쌓기 위해 애를 씁니다. 거기서 끝나지 않습니다. 취업을 한 뒤에도 많은 사람들은 '커리어 관리'라는 이름으로 더 나은 일자리로 가기 위해 계속 발돋움을 합니다. 하나라도 기술을 더 익히고, 평판을 높여서 더 보수가 높은 회사로 갈 기회를 잡는 거죠.

개인용 컴퓨터가 막 보급되던 시절에는 '타자 자격증'을 따는 사람들이 있었어요. 지금 생각하면 선사 시대의 일 같죠? 한글 타이핑을 빨리 하는 것이 무슨 능력이라고. 기술은 늘 바뀌고, 필요한 능력의 종류도 늘 달라집니다. 그래서 요즘은 학생들에게 기초적인 코딩 교육을 하는 대학들이 늘고 있지요. 그뿐 아니라 커뮤니케이션 교육을 하는 학교도 있습니다. 남들과 의사소통을 잘하는 것도 능력이고 대인 관계를 원만하게 유지하는 것도 능력이자 경쟁력이라는 생각에서 이런 교육이 늘어난 거예요.

그런데 실제로 요즘 기업이나 사회가 요구하는 능력은 단순한 기술이 아니라 더 종합적인 능력입니다. 구직자들은 학벌과 외국어 실력과 자격증이 가장 필요하다고 여기지만 그것들만으로는 안 되는 세상이 된 거예요. 이를테면 우리가 물건을 살 때에 당장 필요한 것을 더 싼값에 사는 것을 목표로 하게 되지요. 하지만 늘 그런 것은 아니에요. 디자인이 예쁜 것, 혹은 내가 좋아하는 기업에서 만든 것을 살 때도 많습니다. 가치를 지향하거나 디자인을 중시하는 소비를 하는 것이죠. 가성비뿐 아니라 가심비도 추구하고, 꼭 필요하지 않아도 소확행 소비를 하기도 하지요.

엄마 아빠 시대는 좋았잖아요

세계 경제가 나날이 커지던 고도성장기, 사람들의 생활 수준이 빠른 속도로 높아지면서 소비를 너나없이 늘려 가던 시절에는 물건을 빨리 많이 찍어 내는 것이 돈 버는 비법이었습니다. 하지만 이제는 다릅니다. 직장에서도 초년 시절에는 기술적인 능력, 자격증, 외국어 실력 같은 게 나를 돋보이게 해 주는 능력이 될 수 있습니다. 하지만 점점 더 종합적인 판단을 해야 하는 위치로 가게 되면 단순한 기술을 넘어서 그에 맞는 더 종합적인 능력을 가져야 합니다. 게다가 엄마 아빠 세대에게 일반적이었던 직장인들의 모습과 여러분 세대가 하게 될 일자리의 미래상은 많이 다릅니다. 각자가 어딘가에 소속돼 있든 그렇지 않든 독자적으로 일을 해야 할 가능성이 높습니다. 직장에 취업한다 해도 유동적이고, 신분이 불안정할 가능성이 크지요. 기술적인 일들은 컴퓨터와 인공지능이 상당 부분 대체했을 것이고요.

이쯤 되면 "엄마 아빠 세대는 좋은 시절을 보냈잖아요."라는 반감이 스멀스멀 생겨나기도 합니다. 확실히 그 시절에는 지금 같은 스펙이 없이도 취직을 한 사람들이 많았고 지금처럼 기술이든 언어 실력이든 하나라도 더 쌓으려고 새벽마다 일어나서 공부하지 않았거든요. 이런 시대 변화는 세대 갈등의 요인이 되기도 하지요. 기성세대가 일자리를 계속 차지하고 있지 말고 다음 세대에게 넘기라고 요구하는 젊은이들이 늘어납니다. 그저 한 세대 일찍 태어났다는 이유만으로 지금 세대들보다 노력을 덜 했는데도 성장의 과실을 고스란히 누리는 부모 세대를 보면서 10대, 20대, 30대가 불공정하다고 느끼는 것에는 이유가 있다는 뜻입니다.

하지만 나이든 세대를 보며 불만을 품는다고 해서 지금 나의 경쟁력이 생기는 것은 아니죠. 경제가 성장하는 속도는 점점 느려지고 있고, 일자리는 줄고 있고, 그렇기 때문에 오히려 사람들이 키워야 하는 능력의 목록은 늘어납니다. '꼰대 세대'들의 시절에는 아무도 얘기하지 않았던 공감 능력이나 소통 능력을 이야기하는 사람들이 많아진 것도 기술의 발전과 관련돼 있지요. 사람들만이 할 수 있는 일, 기계는 못 하는 일을 찾아야 한다고들 하잖아요. 공감 능력 키우기, 커뮤니케이션을 위한 스킬 개발 등등을 인터넷에서 검색해 보세요. 수능 점수 올리기 비법처럼 공감이나 소통을 스펙처럼 쌓아 가는 비법을 알려 준다고 유혹하는 영상과 글이 무수히 많이 나올 겁니다.

하지만 '이런 훈련을 하면 이런 능력이 키워진다'라고 짝짓 기하듯이 비법과 성과를 연결하기는 참 힘들어요. 자기 계발 책을 많이 쓴 일본의 컨설턴트 야마구치 슈와 구스노키 겐은 『일을 잘한다는 것』이라는 책에서 지금 시대에 맞는 능력을 '감각'과 연결 지어요. 과거에는 사람들은 흔히 기술을 익히는 것이 능력을 갖는 것이라고 생각하지만 기술과 기술 사이를 잇는 감각이 더 중요하다는 겁니다. 기술은 남들이 수치로 측정하고 확인할 수 있는 것, 예를 들면 자격증이나 언어 능력 시험의 점수 같은 것들입니다. 반면 측정해서 등급을 매길 수 없는 개인만의 감각은 감수성이나 통찰력 등을 말합니다.

　많은 사람들이 '일을 잘한다'는 의미를 업무 기술이 있다는 말과 비슷하게 생각하지만, 사실은 전혀 다르다. '일'은 취미가 아니다. 취미는 자신을 상대로 자신을 위해 하는 행위다. 자신이 즐거우면 그걸로 충분하다. 이에 반해 일이란 내가 아닌 다른 누군가를 위해서 하는 행위다. '일을 잘한다'는 것은 '성과를 낸다'는 것과 같다. 일을 잘하는 사람이란 고객에게 '이 사람이라면 안심하고 일을 맡길 수 있다. 이 사람이라면 반드시 문제를 해결해 줄 것이다.'라는 신뢰를 받는 사람이다.
　이런 의미에서 업무 능력이란 어떤 일을 할 수 있다고 말할 때의 기술을 넘어서는 개념이며, 이를 총칭해서 감각이라고 부른다. 감각은, 키울 수는 없지만 '자라난다'. 감각은 타동사가 아니라 자동사이며, 누가 단련시켜 주는 것이 아니라 스스로 단련되는 것이다.

-야마구치 슈·구스노키 겐, 『일을 잘한다는 것』 중에서

전략을 세울 수 있는 능력, 서로 다른 주장을 하는 사람들 사이에서 중재를 할 수 있는 능력, 입소문이 날 수 있도록 '스토리'를 짜는 능력, 사람들의 반응과 감정을 읽는 능력, 해야 할 일의 우선순위를 정하는 능력, 나를 객관적으로 보는 능력, 내가 맡아야 할 일인지 맡지 말아야 할 일인지를 판단하는 능력, 다른 사람을 평가하고 장점과 단점을 알아내 일을 맡기는 능력……. 어쩌면 이런 능력 중에는 타고난 것들이 있을 수 있습니다. 공감 능력이나 소통 능력이 없는 사람들은 애당초 자신에게 그런 능력이 부족하다는 것 자체를 모릅니다. '피드백' 즉 남들에게서 오는 반응이 중요하다고 말을 하지만, 애초부터 그것을 잘 포착하는 사람이라면 공감 능력이 없지 않을 테니까요. 그런 사람들은 피드백을 요청하고 받는 연습을 하고, 반응을 눈여겨보는 훈련을 해야죠. 미래에 더 필요해질 종합적이고 감각적인 능력들 역시 연습이 필요합니다. 그러려면 이런 힘을 가져야 한다는 것을 먼저 인식하고, 자기 내면의 동기를 가져야 한다고 전문가들은 말합니다.

'자기 내면의 동기'라니, 너무 어렵군요. 저마다 인생의 목표와 기준이 있다지만 사실 우리는 모두 사회적 동물이고 그렇기 때문에 '나 혼자만의 목표와 기준'을 갖기가 쉽지 않아요. 어떤 것

에든 주변의 시선 혹은 그 사회 혹은 공동체에서 중시하는 가치관이 배어 있기 마련입니다. 그럼에도 불구하고 노력을 할 때에는 '왜 하는가'를 끊임없이 물어봐야 합니다. 영어 공부, 토익 성적, 중국어 학습 같은 것은 수단이지 결코 목적이 아니잖아요. 왜 하는가를 생각하는 과정에서 스스로 동기를 확인하게 되고, 목표를 더 분명히 할 수 있게 되겠지요.

능력이 중요하지만 야근은 해야?

능력을 키우기 위해 노력을 하고, 능력을 갖춰 보상을 받고. 이것이 '공정하다'고 모두들 생각합니다. 사회가 그런 방향으로 나아가야 발전할 수 있다고 여깁니다. 하지만 지금의 한국 사회가 모두에게 '능력에 따라' 보상을 해 주는 사회라고 굳게 믿고 있는 사람은 많지 않은 것 같습니다. 어, 그렇다면 능력주의의 기본 전제가 흔들리는 것 아닌가요?

2018년 한국리서치에서 '한국 사회 공정성 인식조사 보고서'를 냈어요. 성인 남녀 1,000명에게 물어보니, '개인의 능력과 노력에 따라 보수의 차이가 클수록 좋다.'는 의견에 응답자의 66퍼센트가 찬성했다고 합니다. 잠시 이 문장을 곱씹어 보지요. '능력과 노력', 능력뿐 아니라 그것을 얻기 위한 노력에도 사람들이 마음

속으로 큰 가중치를 둔다는 뜻이죠. 사실 사람의 재능 중에는 운 좋게 타고나는 것들이 적지 않으니, 오로지 그것만으로 평가하는 것은 옳지 않아 보이기는 하네요.

문장의 뒷부분 '보수의 차이가 클수록 좋다.'는 의견은 어떤 가요? 능력과 노력에 따라 '적절한 보상'을 받는 것이 옳다고 생각하는 게 아니라, 한국인 대부분은 보상의 차이가 '클수록 좋다'고 여긴다는 거예요. 회사의 팀원 다섯 명이 1억 원의 매출을 올렸는데 거기에 30퍼센트 기여한 사람과 25퍼센트 기여한 사람, 그리고 15퍼센트씩 기여한 나머지 3명이 있다고 해 봐요. 보너스 1,000만 원을 나눠 갖는다면 기여한 비율대로 갖는 게 옳을까요? 아니면 1등에게 최대한의 몫이 돌아가고 밑으로 갈수록 보상을 적게 해 주는 시스템이 좋을까요?

만일 회사가 팀원들끼리 좀 더 치열하게 경쟁을 하기를 바란다면 1등에게 보너스의 대부분을 몰아주려고 하겠지요. 그래야 1등을 하기 위해 직원들이 애를 쓸 테니까요. 이 여론 조사대로라면 직장인들 3명 중 2명은 이런 논리에 동의를 하고 있다는 뜻입니다. 치열한 경쟁을 받아들이고, 거기에서 내가 1등을 하기 위해 노력하는 것이 중요하다고 여긴다는 의미일 수 있습니다. 반면 팀워크를 중시하는 회사라면 팀이 성공했을 때에 팀원들이 보수를 고르게 나눠 갖기를 바라겠지요.

그런데 이 조사에서 또 하나 눈길을 끄는 게 있어요. "어떤 기준으로 차등을 두어야 하느냐"는 질문에 '근무 태도'를 꼽은 의견이 43퍼센트로 가장 많았대요. 능력이나 업무 성과보다는 한마디로 성실히 일하느냐, 제시간에 출근해서 남보다 늦게까지 일하고 퇴근하느냐, 상사의 지시를 충실히 따르느냐 같은 '태도'가 중요하다는 답변이 두 배나 됐던 겁니다. 일하는 사람들은 회사에서 야근을 많이 시킨다고, 노동 시간이 길다고 종종 입을 내밉니다. 그러면서도 다들 남의 행동을 평가할 때에는 근면 성실을 중요한 기준으로 삼는 것처럼 보입니다.

능력에 따라 돈을 더 많이 가져가야 한다면서도, 정작 능력보다는 성실한 태도가 중요하다고 말한다면 논리적으로 모순 아닐까요?

학교에서도 마찬가지일 것 같습니다. 수행 평가를 예를 들어볼게요. 지식을 주로 단답형으로 묻고 확인하는 지필 고사와 달리 수행 평가는 학생이 학습 과제를 수행하는 '과정과 결과'를 보고 평가하는 거죠. 논술형 검사도 있고, 구술시험도 있고, 실기 시험도 있습니다. 교육 전문가들은 획일적으로 하나의 정답만을 구하는 시험과 달리 수행 평가는 과정을 평가하는 것이라고 강조합니다. 과제를 해결하기 위해 학생들이 생각하고 행동하는 과정을 보는 것이기 때문에 '과정 평가'라는 말을 쓰기도 합니다.

수행 평가에서 선생님들은 학생이 내놓은 결과물이 훌륭한가에 초점을 맞춰야 할까요, 아니면 정말로 과정 즉 노력과 태도에 더 큰 비중을 둬야 할까요? 참 어려운 문제이지만, 그러면서도 어떻게 생각하면 '답정너' 같기도 합니다. 둘 다 중요하니까요. 선생님들도 늘 "노력하는 것이 중요하다."라고 말씀하시잖아요. 그런데도 수행 평가가 객관적이지 못하다, 불공정하다는 항의와 논란이 교육 현장에서는 끊이지 않습니다. 결과와 과정, 능력과 노력 어느 것이 더 중요한가 그 비중을 놓고 벌어지는 갈등이라고 볼 수 있습니다.

그런데 방향을 좀 바꿔서, 장애라든가 건강 문제로 수행 평가 중 어떤 항목을 하기 힘든 친구가 있다고 해 봅시다. 이 친구는 능력도 없고 과정도 제대로 못 밟았으니 평가 점수를 대폭 깎는 게 공정한 걸까요? 장애나 질병은 그 친구가 선택한 것이 아니고 의도하지 않은 장벽일 뿐인데 '능력이 없다'며 기회를 박탈해 버리는 것은 옳은 일일까요? 그 친구를 위한 맞춤형 평가를 만든다면 그것은 특혜일까요? 아닐까요?

'능력에 따른 보상'이나 '능력과 노력에 따른 보상'이라는 함수가 결코 단순하지 않다는 얘기입니다. 어느 것이 절대적으로 공정하다고 잘라 말하기도 쉽지 않고요.

상위 1퍼센트가 될 확률은 1퍼센트

이제 잠깐 코로나19 이야기를 해 볼게요. 2020년 세계가 이

전염병으로 유사 이래 처음이라고 할 만한 봉쇄를 겪었습니다. 경제가 침체되면서 가게들이 문 닫고, 기업들은 채용하는 인원을 줄였습니다. 모두들 내 일자리가 사라지지 않을까 걱정합니다. 그런 걱정이 다시 직장인들을 노력의 쳇바퀴로 몰고 갑니다. 재택근무가 늘어난 데다 요즘에는 온라인 학습 플랫폼들이 늘어난 것도 영향을 미쳤습니다. 코로나19가 퍼지자 학생들뿐 아니라 직장인들 사이에서도 '인강'이 인기를 끌게 됐다는 뉴스가 나왔습니다. 포토샵 활용법, 인포그래픽 만들기, PPT 만들기, 기획서 작성법, 마케팅 실무, 브랜딩 기법……. 이런 실무 기술을 배우는 강좌들이 크게 늘었다고 합니다. 취준생들만큼이나 이미 일을 하고 있는 사람들도 일자리 불안감을 크게 느끼고 있기 때문입니다.

한 직장에 취직하면 오랜 세월 일할 수 있도록 보장해 주는 '정규직'은 이제는 오히려 특별한 것이 됐고 살면서 최소한 2개 이상의 직업을 갖는 시대로 변한 지 오래입니다. 한 번에 여러 가지 일을 하는 'n잡족' 같은 말도 나왔고요. 중고등학교에서 대학교로 진학하면 그걸로 끝인 교육보다는 이렇게 실제로 사람들이 살면서 필요로 하는 것들을 수시로 원할 때 배울 수 있는 시스템이 물론 좋기는 하지요.

그런데 불안감이 인강 붐으로 이어진 배경에는 '능력을 키워야 내 자리를 지킬 수 있다.', '내가 지금 누리고 있는 것들이라도 유지를 하려면 더 능력을 가져야 한다.'는 생각이 자리 잡고 있습니다. 아무튼 남보다 뭔가 잘 해야 버텨 낼 수 있으니까요. 그런데 또 이런 조사도 있어요. 시민단체에서 직장인들에게 물어보니 코로나19 시대에 가장 필요한 것은 '해고 금지 조치'라고 답한 사람이 10명 중 8명이었다고 합니다. 기업이 실적을 내지 못하면 직원을 줄이는 게 당연하죠. 능력주의, 성과주의의 논리대로라면요. 흔히 언론에서 말하는 '시장 논리'라는 게 그런 겁니다. 팔리지 않는 상품은 도태되듯이 이익을 내지 못하는 기업은 패배하고, 그렇다면 거기서 일하는 사람들도 밀려나는 것이 당연하다는 논리입니다. 그렇지만 팬데믹이라는 위기가 닥치니까 실제로 사람들이 필요로 하는 것은 능력주의와 시장의 논리보다는 '안전망'이었어요. 비정규직들의 일자리를 안정시키고, 일을 쉬게 됐거나 일감이 없어진 직장인 혹은 프리랜서들에게도 정부가 어느 정도까지 소득을 주고, 실업자들에게는 실업급여를 줘야 한다는 데에 동의하는 사람들이 많았습니다.

어찌 보면 우리의 능력주의는 두 얼굴을 갖고 있습니다. 능력이 중요하고 성과를 내놓음으로써 평가를 받고 성적에 따라 보상을 더 많이 받는 것이 공정하다고 모두가 말하지만, 모두가 능력자가 될 수 없다는 것을 또한 우리는 알고 있습니다. '상위 1퍼센트'에 내가 낄 확률은 숫자 그대로 1퍼센트인 거예요. 그래서 나머지 사람들도 어느 정도는 먹고 살 수 있게 해 줘야 한다는 것에 본능적으로 동의하는 거죠.

게다가 사회에서 통용되는 능력에는 공부하고 일하는 실력만 있는 게 아니라는 것 또한 우리는 압니다. 흔히들 이런 말을 하잖아요. "돈도 능력", "외모도 능력", "인맥도 능력"이라고요. 그러고 보면 능력에 대한 우리의 생각은 참 이중적입니다.

능력을 키워 보상을 받는 사회, 능력을 갖기 위해 노력하게끔 채찍질하는 분위기, 하지만 그 이면에 들어 있는 능력에 대한 복잡한 생각들을 지금까지 살펴봤습니다. 이제부터는 우리가 믿고 의지하는 능력주의라는 개념 틀이 어떻게 발전해 왔고 국가와 사회에서 어떤 역할을 해 왔는지를 살펴볼게요.

우리는 모두
다른 모습으로 태어나,
개성 있게 살아가요.

똑똑한 고양이

노래하는 고양이

사랑스러운 고양이

세상엔
다양한 고양이가
있지만

우리는 모두 다
같은 고양이예요.

3장

신분 대신
능력으로

1장에서 영국의 마이클 영이 쓴 소설에 나온 극단적인 능력주의 사회의 이야기를 했지요. 사람의 지능을 완벽하게 측정해서 앞으로 발휘할 능력까지 미리 알아낼 수 있다는 것은 진짜 소설에나 나오는 이야기입니다. 하지만 능력에 따른 보상이라는 생각은 널리 퍼져 있죠. 그뿐 아니라 능력 있는 엘리트들이 정치적으로 보통 사람들보다 더 큰 역할을 떠맡는 것에 대해서도 당연하게 생각하거나 거부감을 느끼지 않는 이들이 많습니다.

청와대나 여의도를 굳이 쳐다보지 않아도, 이런 식의 능력주의는 어릴 적부터 태도와 생각에 스며듭니다. 투표로 회장을 뽑는 경우가 대부분이지만, 아직도 성적에 따라 학급 임원을 정하는 학교들이 남아 있잖아요. 투표로 임원을 뽑을 때에도, 알게 모르게 공부를 잘하는 아이들이 후보로 많이 나서거나 추천을 받지요. 공부를 잘하는 학생은 공부를 잘한다는 바로 그 이유로 '권위'를 갖게 되는 겁니다.

학식 있고 유능한 사람들이 지배하는 것을 정당하게 보는 관념에는 오랜 역사가 있습니다. 능력주의라는 단어는 마이클 영이 만든 것이지만 비슷한 개념의 역사를 고대 그리스의 철학자 아리스토텔레스와 플라톤 시절로까지 거슬러 올라가 찾기도 하고요. 능력을 가진 집단이 나머지를 지배하는 정치 시스템이 그때부터 연유했다고 보는 것이죠.

민주주의와 함께 자리 잡은 능력주의

한국을 비롯한 유교 문화권에도 비슷한 전통이 있었습니다. 과거 시험을 비롯해 중국에서 시작된 관료 시험 제도가 그런 것이죠. 공부를 많이 한 사람은 능력을 갖췄을 뿐만 아니라 사회를 지배하는 데에 필요한 덕(德)이 있다고 보고 그들에게 통치 실무를 맡깁니다. 그렇게 보면 농민이나 기술자들보다는 '배운 사람'을 높이 쳐 주는 풍조에 엄청나게 긴 역사가 있다고도 할 수 있겠네요.

특히 한국은 고려 시대부터 과거 제도가 시행됐죠. 어떤 이들은 '세계적으로 유례가 드문 능력주의 관료 선발 제도'라고 말

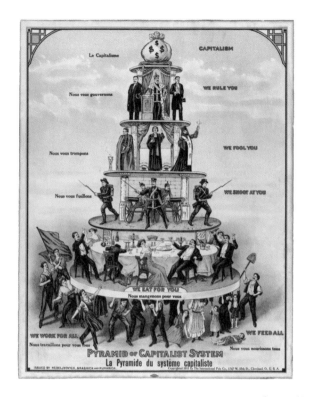

자본주의 체제 계급 구조를 그린 풍자화이다. 1911년 미국 인터내셔널 출판사 발행.

합니다. 민주주의가 훨씬 먼저 시작됐다는 영국이나 미국에서도 19세기 후반부에 이르러서야 관료를 시험을 통해 뽑는 제도가 도입됐는데, 한반도에서는 그보다 1,000년을 앞서서 개인의 능력을 평가해 통치 엘리트를 선발했다는 이야기이니까요.

하지만 유교의 이런 전통은 능력을 중시하는 문화인 듯하면서도 현대적인 의미의 능력주의와는 많이 다릅니다. 공부를 할 자격 자체를 신분에 따라 제한했으니까요. 엄격한 신분 제도 속에서 특정 집단에만 공부하고 시험을 치르고 관료가 될 기회를 주는 제도였습니다.

신분의 틀을 넘어서서 지금처럼 개인이 가진 능력으로 승부를 할 수 있는 시대가 오기까지는 오랜 세월이 걸렸습니다. 17세기 유럽에서 '계몽주의'가 싹튼 뒤에야 비로소 출생 때부터 정해진 신분이 아니라 교육받고 학습한 능력에 따라 자기 생각을 펼칠 수 있는 시대가 열립니다. 말하자면 능력주의는 민주주의와 함께 성장한 것이라 할 수 있습니다.

미국은 능력주의가 일종의 지배 이데올로기가 된 나라입니다. 애당초 귀족-평민의 신분제가 없이 출발한 미국에서는 각자 능력만 있으면 잘살 수 있다는 믿음이 팽배했고, 이를 상징적으로 보여 주는 것이 '아메리칸드림'이라는 말이었습니다.

20세기에 서구의 식민 통치에서 벗어난 아시아에서도 비슷한 믿음이 퍼졌습니다. 어느 지역에서나 그렇지만 아시아에서도 능력주의의 역사는 교육의 확대와 이어져 있었습니다. 시민 대다수에게 교육의 기회를 주고, 교육을 통해 능력을 키우게 함으로써 국가 전체의 경제적 성장이라는 과실을 거둘 수 있게 한 거죠. 대표적인 예가 도시국가 싱가포르입니다. 어찌 보면 싱가포르는 마이클 영이 묘사한 가상의 영국과 상당히 비슷합니다. 공교육을 확

대해 전체적으로 시민들의 교육 수준을 높였지만, 동시에 청소년 시절부터 학교 성적으로 미래의 진로를 국가가 대략 정해 주는 시스템이거든요. 성적이 좋은 아이들은 대학에 진학해 전문직 종사자나 관료가 될 길을 열어 주지만 그렇지 못한 학생들은 대학 대신 기술직으로 일하는 경로를 택하게 합니다.

이것이 과연 민주적인 시스템인지는 토론해 볼 여지가 있습니다. 싱가포르가 경제적으로 매우 발전한 나라라는 점에서 이런 방식이 사회 전체의 삶의 질을 높이는 데에 효과적이라고 판단할 수도 있겠고, 개인의 삶에 국가가 너무 많이 끼어든다는 점에서는 독재 국가나 다름없다고 볼 수도 있습니다. 그런 면에서 싱가포르라는 나라를 '유모 국가'라고 부르기도 합니다. 정부가 마치 유모처럼 아이들 즉 국민들의 삶을 하나하나 챙겨 주고 간섭한다는 뜻입니다.

'능력에 따라 보상을 받는 것이 정당하다는 생각'을 능력주의라고 정의할 때에, "싱가포르는 능력주의가 통용되는 나라일까요, 아닐까요?" 사실 이것은 불필요한 물음인지도 모릅니다. 그럼 질문을 바꿔 보지요. "능력을 키우고 평가하고 보상을 결정하는 데에 국가는 어떤 역할을 얼마나 해야 할까요?" 이 문제는 뒤에서 한국 사회에 대해 이야기할 때 한 번 더 생각해 보도록 하지요.

가난으로부터의 '위대한 탈출'

2015년 노벨경제학상을 수상한 경제학자 앵거스 디턴은 영국에서 태어나 미국으로 이주했어요. 그의 책 『위대한 탈출』은 영국 요크셔의 탄광 지대에서 노동자로 일했던 아버지의 이야기로 시작합니다.

디턴의 할아버지는 탄광에서 고장 난 석탄 차량에 치여 숨졌습니다. 아버지는 현대 의학 발전의 혜택을 입어 아흔 살까지 살았지만 교육은 많이 받지 못했대요. 반면에 아들인 디턴은 공교육이 늘면서 그 혜택을 누렸고 남보다 더 공부해 경제학자가 됐습니다. 디턴의 자식들은 아버지처럼 유명한 학자가 되지는 않았지만 최소한 세균에 감염돼 일찍 죽거나 결핵으로 숨질 걱정은 없이 풍요로운 사회를 누리며 살고 있습니다.

디턴의 가족에게만이 아니라 20세기의 하반기에 세계 전체에서 대체로 비슷하게 일어난 일입니다. 교육이 확대되고, 대부분의 나라에서 경제가 발전하고, 사회가 풍요로워졌고, 보건의료 혜택은 늘었죠. 디턴은 이렇게 가난과 질병에서 인류가 비교적 짧은 시간에 벗어날 수 있었던 과정을 '위대한 탈출'이라고 불렀습니다.

노력해서 성공의 문을 통과하려는 사람들의 욕망이 위대한 탈출의 동력이었던 것은 확실합니다. 물론 그 과정에서 싱가포르

만큼은 아니더라도 각국 정부가 주도적으로 발전과 성장을 목표로 하는 교육 정책, 복지 정책을 펼친 것도 사실입니다. 그런데도 개인의 노력과 욕망은 발전의 에너지원이었습니다. 더 나은 삶을 살기 위해 노력해야 한다는, 능력을 펼친 사람들이 보상을 누릴 수 있다는 믿음이 성장을 뒷받침한 거죠. 능력주의는 진보의 산물인 동시에, 진보를 이끌어 가는 힘이기도 했습니다.

능력을 중시하는 가치관이 가져다준 것은 경제적 발전만이 아닙니다. 계층 이동이 자유로워졌다는 것은 사회에 엄청난 변화가 일어났으며 개인의 삶에도 어마어마한 자유가 생겨났다는 뜻입니다. 배우고 능력을 키우기만 하면 더 잘 살고 더 힘 있는 계층으로 올라갈 수 있게 되는 거니까요. 인종이나 성별에 따른 차별이 여전히 많이 남아 있기는 하지만 근대 이전의 시대와는 비교하기 힘들 정도로 줄어들었죠. 중산층이 늘어나고, 교육을 비롯한 국가의 투자가 중요하다는 생각이 널리 퍼졌고요.

하지만 디턴이 말하는 위대한 탈출의 성과는 능력주의와 평등주의가 두 발이 되어 같이 걸어간 덕분이기도 합니다. 능력에 따라 성공할 수 있는 기회는 공평하게 열려 있어야 하며 가난이나 장애나 성별, 인종 때문에 그 기회를 누리지 못하게 해서는 안 된다는 평등주의가 발전의 한 축이었던 것이죠. 법이 출신에 상관없이 모두에게 똑같이 적용되듯이, 능력에 따라 보상을 받을 기회도 모두에게 똑같이 주어진다는 것은 현대 사회를 지탱하는 중요한 믿음입니다. 또 한 가지를 덧붙이자면 세계의 경제가 전반적으로 빠르게 성장하던 시대였기에 모두가 어느 정도는 '노력하면 더 잘 살 수 있는' 기회를 누릴 수 있었던 것이기도 하겠지만요.

한국은 디턴이 말한 위대한 탈출 과정을 극적으로 보여 준 나라입니다. 효과적인 관료주의, 근면성을 강조하는 생활 윤리, 학식을 숭상하는 전통……. 이런 것들이 결합되면서, 일본의 식민 통치와 전쟁으로 모든 게 무너진 나라에서 반세기 만에 경제 대국으로 떠올랐습니다. 신분제를 비롯한 근대 사회 이전의 흔적이 법과 제도에서 이렇게 단시간에 말끔히 제거된 나라는 찾아보기 힘들 것 같습니다.

아직도 능력주의가 자리 잡지 못한 아프리카 국가들의 부패와 정체, 혹은 아직도 카스트에 얽매인 인도의 빈곤과 비교해 보면 확실히 알 수 있습니다. 예를 들어 인도의 카스트제도는 사회를 옭아매는 신분 제도로 악명 높지요. 근대 이전에는 어느 나라에나 신분제가 있었고 직업 선택의 자유가 제한돼 있었습니다. 하지만 인도의 카스트는 직업을 구체적으로 지정해 준다는 것이 다른 나라의 신분제와 다른 특징적인 부분입니다. 흔히들 "직업에 귀천이 없다."라고 하지만 카스트는 직업의 귀하고 천함을 규정해 놓았을 뿐 아니라 어느 계급 어떤 집단에 속한 사람은 어떤 직업을 가져야 하는지까지 모두 세세히 정해 놓았습니다. 이것이 인도의 발전에 지금도 심각한 장애가 되고 있습니다.

이런 제도는 경제적인 발전을 가로막을 뿐만 아니라 개인의 자유를 심각하게 침해합니다. 그렇게 본다면 능력주의는 경제적 성장의 동력이 되는 동시에, 개인의 정치적 자유와 사회적 자유를 늘려 주는 기능도 한다고 볼 수 있겠네요.

'국가 경쟁력'에서 '나의 경쟁력'으로

하지만 부정적인 측면도 들여다보지 않을 수 없습니다. 한번 생각해 볼까요. 능력이 우선시되는 세상이라고 하지만, 그보다 더 근본적으로 물어야 할 것은 '과연 이 세상은 제로섬 게임인가'라는 겁니다. 정해진 양을 놓고 누가 더 많이 먹을 것인지 경쟁하는 세상에서는 남이 많이 가질수록 내 몫이 줄어들죠. 참가자들이 얻은 것과 잃은 것을 다 합치면 결국 0이 되는 것을 제로섬 게임이라고 부르지요. 게임을 몇 번을 한들 승자와 패자가 바뀔 뿐 총량은 변함없는, 발전 없는 사회는 제로섬 사회입니다. 사회도 경제도 제로섬 게임이라고 모두가 생각한다면, 경쟁을 거쳐 남의 몫을 줄이고 내 몫을 키우는 것이 목표가 돼 버립니다.

성장을 거듭하던 시기에 한국은 분명 제로섬 사회가 아니었어요. 열심히 일해서 1억 원을 더 버는 사람과 1,000만 원을 더 버는 사람과 10만 원을 더 버는 사람의 차이는 있었을지언정 모두가 '노력하면 더 잘 살게 되는' 사회라고 믿었으니까요.

그런데 1990년대 말 경제 위기를 거치면서 이런 믿음이 무너졌습니다. 당시 한국에 돈을 빌려준 국제통화기금(IMF)의 이름을 빌려, 당시의 경제위기를 'IMF 위기'라고 부릅니다. IMF는 돈을 빌려주는 대가로 '공무원 숫자를 줄여라', '정부 소유 기업을 팔아라', '외국 기업이 들어갈 수 있게 문을 열어라' 오만 가지 요구를 합니다. 그래서 돈 빌리는 나라에는 그야말로 저승사자입니다. 그 위기 이후 한국에서는 '경쟁력'이라는 이름으로 극단적인 능력주의가 힘을 얻게 됩니다. 이전에는 국가가 발전해야 모두가 잘산다며 '국가 경쟁력'을 강조했는 데에 비해 IMF 위기 이후에는 사회의 모든 구성원이 서로서로 경쟁하는 시대로 접어들었습니다. 성장률이 떨어지고 일자리가 줄어들면서 사회를 제로섬 게임으로 보는 사람들이 늘어난 것도 이때부터였던 듯합니다.

논리는 단순했습니다. 잘나가던 한국이 갑자기 무릎을 꿇어야 했던 것은 경쟁이 부족했기 때문이고, 그러니 경쟁을 더 늘려서 능력을 키워야 한다는 것이었습니다. 그전까지는 능력주의와 평등주의가 두 발 맞춰 같이 갔는데, 평등주의가 이제는 성장에 장애물이 된다면서 경쟁 쪽으로 무게 중심이 확 이동해 버린 거예요.

능력주의의 기본 전제는 경쟁입니다. 경쟁은 사람들의 실력을 키워 주는 역할을 합니다. 하지만 만능 해결책은 아닙니다. 장학금을 예를 들어 볼까요. 장학금은 말하자면 '성과에 따른 보상'

이라 할 수 있습니다. 하지만 학교나 기관에서는 성적만이 아니라 가정 형편이 어려운 학생들을 주로 선정해서 장학금을 줍니다. 이유는 다들 이해하겠지요. 높은 점수를 받는 능력을 갖기 이전에 학업을 계속할 수 있는 경제적 능력이 필요하니까요. 그리고 그것은 학생 개인의 노력만으로는 얻기 힘든 능력이죠. 그래서 공동체가 뒷받침을 해 주는 겁니다. 무조건 1등부터 줄을 세워서 경쟁을 시킨다고 해서 모두의 성적이 올라가지는 않습니다. 사람마다 재능에도 차이가 있고 주어진 여건에도 차이가 있으니까요.

IMF 위기 이후에 한국의 관공서와 기업들에 '성과주의 임금 제도'라는 게 널리 퍼졌어요. 보상에 차등을 두면 다들 경쟁을 하려 할 것이고, 실적이 올라갈 것이라는 생각에서 앞다퉈 연봉제, 성과 배분제 같은 제도를 도입했습니다. 하지만 성과에 따라 보상을 달리한 것이 실제 기업의 생산성이나 수익을 높여 줬는지는 불확실합니다. 한국노동사회연구소가 2017년 내놓은 연구보고서에 따르면 회사 전체의 이익이 크게 늘었을 때 전체 직원에게 이익을 나눠 주는 제도의 경우는 생산성을 높이는 데에 좋은 영향을 미쳤다고 합니다. 하지만 그 좋은 영향은 단기간에 끝나는 것으로 나타났습니다. 사람들은 당근만 따라다니는 말이 아니며, 당근을 더 준다고 무한정 성과를 올리게 할 수 있는 것도 아닙니다.

그렇다면 직원 전체에게 보상을 해 주는 것이 아니라 한 사람 한 사람의 성과를 따져 돈을 배분해 주면 기업 내부에서 경쟁이 치열해지고 개인의 능력과 성과가 높아지지 않을까요? 하지만 조사 결과 기업의 경영 성과에 좋은 영향을 미친다는 증거는 없었고, 오히려 장기적으로 인건비만 올라갔다고 하네요.

보상에 차등을 두는 것이 좋은 효과를 거둘 때가 많지만 경쟁이 언제나 성과를 높여 주는 것은 아닙니다. 인간 사회는 제로섬 게임이 아니며, 전체의 몫을 더 크게 만드는 방향으로 가는 것이 공통의 목표가 되어야 합니다. 적자생존을 말하는 사람들이 적지 않지만 인간은 사회적 동물로서 생존경쟁 능력 못지않게 공감 능력과 협력을 진화시켜 왔다고 학자들은 말합니다.

한 사회에 속한 시민들 중에서 최대한 많은 사람이 역량을 발전시킬 수 있게 하려면 국가의 투자와 '인프라'가 필요하다는 사실도 무시해서는 안 됩니다. 개인의 능력이 아무리 중요해도, 그걸 키울 수 있는 바탕의 제도들 또한 중요합니다.

이런 맥락에서 반드시 살펴봐야 할 것이 교육 문제입니다. 한 사람의 삶을 결정짓는 능력의 잣대가 교육을 얼마나 받았는지에 달려 있다는 것은 여러 의미가 있습니다. 학업 능력, 정확히 말하면 대학 졸업장이 어느 나라에서나 새로운 신분제의 상징처럼 돼 버렸지요. 일과 삶에 필요한 능력이 곧 학력 하나로 판가름 나는 겁니다. 마이클 영의 소설에 나오는 '지능 계급 사회'와 어느 정도 차이는 있지만, '학력 계급 사회'처럼 돼 가고 있는 것은 분명해 보입니다. 그러나 학력이 곧 능력이라는 믿음은 사실이 아닐

뿐더러, 학력 자체도 오로지 개인의 능력이라고만은 할 수 없는 수많은 요인이 합쳐져서 만들어지는 것입니다.

어느 나라에서나 신분제가 사라진 뒤의 능력주의는 학력과 연결됩니다. 그런데 한국에서는 유독 심한 것 같습니다. 다음 장에서는 한국의 '학벌 능력주의'를 짚어 보겠습니다.

더 높이 오르기 위해
경쟁해요.

경쟁에서 지면
떨어지는 것 같지만

노력한 고양이만
위로 갈 수
있는 것은
아니에요.

특목고　명문대　대기업

운이 나쁘면 떨어지고
운이 좋으면 뽑히지요.

어쩌면 삶은
거대한 인형 뽑기와
비슷한 것 같아요.

게임에서 이기면
행복해질 거라고
믿으니까요.

4장

학력 사회의
탄생

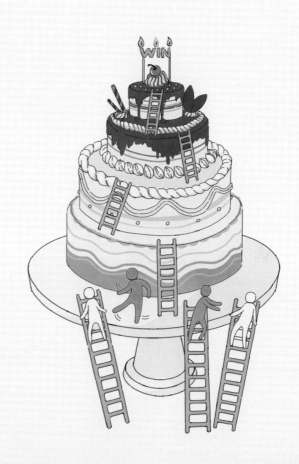

대학에 들어가는 것, 흔히 말하는 '좋은 대학'에 들어가는 것은 한국에서는 너무나 중요하지요. 청소년기에 여러 종류의 잠재력을 생각해 보고 좋아하는 일, 잘하는 일을 찾아가야 한다고들 하지만 우리 사회에서는 대학 진학이 최대 목표가 될 때가 많지요. 대학에 가면 취업을 준비하고, 취업을 하고 나면 집 살 궁리를 해야 하고, 가정을 이루면 자식의 대학 진학을 걱정하는 인생. 어휴, 생각만 해도 가슴이 답답해지네요.

사실 여러분의 할머니 할아버지 세대에는 대학을 나온 분이 아주 드물어요. 교육부 통계가 나와 있는 1980년 이후의 대학 진학률을 볼까요. 1980년 대학에 갈 나이가 된 사람 중에 실제로 대학에 진학한 사람은 10퍼센트가 간신히 넘었습니다. 고등학교에

간 사람조차 전체의 절반이 안 됐어요. 1990년이 되면 고등학교에 거의 80퍼센트가 갔으나 여전히 대학 진학률은 23퍼센트였습니다. 그 연령대 인구 가운데 4명 중 1명만 대학에 간 거예요.

하지만 이 수치는 그 뒤에 눈에 확 띌 만큼 빠르게 뛰어오릅니다. 2000년이 되면 52퍼센트, 절반 이상이 대학에 간 것으로 나옵니다. 2010년에는 70퍼센트가 대학에 갔습니다. 그 후로 2020년까지 매년 비슷한 진학률을 보입니다. 세계 다른 나라들과 비교해도 한국의 대학 진학률은 아주 높습니다. 전체 성인 인구 가운데 2년제 이상의 대학을 나온 사람 비율은 한국의 경우 약 45퍼센트입니다. 아직은 캐나다, 러시아, 이스라엘 등보다 조금 낮습니다. 하지만 진학 연령대 즉 청소년들의 대학 진학률만 놓고 보면 일본이나 미국, 유럽 국가들보다 훨씬 높아서 거의 세계 최고 수준입니다.

재난보다, 전염병보다 무서운 '시험'

식민 통치와 한국 전쟁으로 무너진 나라에서 현대적인 산업 국가로 다시 태어나기 위해서는 여러 가지가 필요했어요. 하지만 그중에서도 중요한 것은 결국 사람, 그러니까 낮은 임금을 받더라도 근면히 일하는 노동자들, 그리고 그들을 관리하고 정부와 기업을 이끌 엘리트들이었습니다. 1980년대까지의 입시 시스템을 대표하는 것은 '학력고사'였습니다. 그 시험에 맞춘 교육은 주입식, 암기식이라는 점에서 악명 높았지요. 모두가 똑같은 내용을 달달 외워서, 가장 열심히 외운 사람들이 대입 시험에서 좋은 성적을 받았습니다. 그 시험을 요즘 학생들이 본다면 '너무 쉽다'고 느낄지도 몰라요. 맥락을 파악하고 한 차원 깊이 생각해 볼 필요 없이 그저 외우기만 하면 대부분의 문제를 풀 수 있었거든요. 이제 막 산업 국가로 발돋움하던 나라에서는 똑같은 내용의 교육을 받고 표준화된, 어느 정도까지는 실무 능력이 보장된 인력을 빠른 시간 안에 최대한 많이 키우는 게 중요했기 때문입니다. 이런 필요가 입시에 그대로 반영된 것이라고 설명할 수 있겠습니다.

하지만 1990년대에 들어서면서 국가와 기업이 필요로 하는 인재상이 바뀝니다. 세계의 경쟁이 치열해지고, 경제도 창의성과 다양성이 중요한 쪽으로 바뀌어 갔던 거죠. 그래서 도입된 것이 대학수학능력시험(수능)입니다.

그런데 이미 대학을 나와 취업까지 한 윗세대들에게 물어보세요. 무슨 제도 때 무슨 전형으로 대학에 갔는지를 물으면 입학한 연도에 따라 사람마다 대답이 다를 겁니다. 하도 민감한 문제라 이리 뜯어고치고 저리 뜯어고치는 바람에 수능 제도가 해마다 바뀌다시피 했거든요.

예를 들어 1993년 수능이 처음 실시됐을 때에는 한 해에 시험을 두 번 봐서 둘 중 좋은 성적을 고르도록 했습니다. 그런데 두 차례 시험의 난이도가 달랐다고 수험생들이 아우성을 쳤고, 이 제도는 한 해 만에 사라졌습니다. 1999년에는 수리와 탐구 영역에서 선택 과목 제도가 생겼고, 표준점수 제도가 도입됐습니다. 2003년에는 수능 모의평가가 처음 등장했고, 2008년에는 절대평가가 도입됐습니다. 등급제가 생겼다 사라졌다 다시 생기고, 과목들이 합쳐졌다가 또 분리됐다가…… 쉬운 시험지와 어려운 시험지를 나눠서 골라 보는 수준별 시험도 한때 도입됐다가 곧 사라졌고, 영어와 한국사는 절대평가로 바뀌었지요. 어느 정도 오랜 시간 지속되는 것을 '제도'라고 부르는데 이렇게 보면 수능은 제도라고 부르기가 무안할 정도로 변화가 많았습니다.

그때그때 입시 방법을 손질한 데에는 이유와 명분이 있었지만 결국 원인은 하나입니다. 한마디로 입시가 너무 중요하기 때문이에요. 대학을 졸업한 사람 자체가 많지 않던 시대에도 '좋은 대학'을 나왔느냐는 사회의 엘리트로 올라갈 수 있느냐를 가늠하는 중요한 지표였는데, 대입 경쟁이 갈수록 더 치열해지면서 입시 제도가 끝없는 불만과 논란의 대상이 됐던 겁니다.

한국 사회에서 입시가 얼마나 중요한지는 모두가 다 알죠. 그러다 보니 웃어넘길 수는 없는 일들도 일어납니다.

2017년 11월 경북 포항에서 지진이 일어났습니다. 흔들리는 교실에서 놀라 뛰어나간 학생들에게 교사가 벌점을 줬다는 글이 소셜 미디어에 올라왔습니다. 세월호 참사를 겪고도 여전히 안전을 무시하는 행태라는 비난이 일었습니다. 교육청이 조사해 보니 헛소문에 불과했습니다. 큰 논란이 벌어진 것은 첫 지진 뒤에 여진이 일어날 수도 있다는 우려에서 교육부가 수능 시험을 연기한 뒤였습니다. 대체로 '수능을 연기한 게 맞다.'라는 평가가 많았지만, 열심히 시험을 준비해 온 수험생들의 리듬이 깨진다며 불만을 말하는 사람들도 있었습니다.

어떤 시험이든 생명보다 소중하지는 않습니다. 하지만 한국에서는 지진보다 수능 연기가 더 큰 '사건'이었습니다. 코로나19로 기업들이 재택근무를 늘리고 학교도 온라인 수업을 하는데, 그 참에 학원 수업이 더 늘었다는 통계도 나왔습니다. 전염병에 걸리는 것보다 대입 경쟁에서 밀리는 것이 한국에선 훨씬 더 무서운 일인 겁니다. 심지어 세월호 참사가 벌어져 수백 명이 희생된 상황에서도, 친구들을 잃은 생존 학생들을 위해 대학들이 특별 전형을 할 수 있도록 정부가 문을 열어 줬더니 '특혜'라면서 공격하는 사람들이 있었지요.

'부자나라 클럽'이라 부르는 경제협력개발기구(OECD)에서 실시하는 국가별 학업 성취도 시험이 있어요. PISA라고 부르는 이 시험에서 한국의 청소년들은 늘 높은 점수를 기록합니다. 미국 대통령과 스웨덴 총리가 "한국을 봐라, 높은 성적을 거두는 좋은 교육 제도를 갖고 있다."고 칭찬할 정도였습니다. 그런데 정작 한국 학생들이 학창 시절을 행복하게 보내고 있나요? 높은 성적, 낮은 행복도. 이렇게 엇갈리는 현실을 만들어 낸 것이 한국 사회의 고질적인 폐해인 학력주의였지요.

고등학교까지의 초중등교육을 늘리고 교육 수준을 높여 '좋은 인력'을 대량으로 사회에 공급할 수 있었기에 한국은 근대화와 경제 발전을 빠르게 이룰 수 있었습니다. 하지만 이제는 입시 경쟁이 공동체의 연대와 배려와 공감을 갉아먹는 지경에 이르렀네요.

어떤 이들은 배움을 숭상하는 유교 전통에서 한국 사회의 교육열의 뿌리를 찾기도 하지만, 학력을 지나치게 중시하는 풍토가 된 것은 대학 졸업장이 엘리트로의 진출 즉 출세와 직결돼 있기 때문임을 부인할 수 없습니다. '학벌' 구조는 한국이 성장할 수 있게 해 준 토대였던 동시에 그 그늘인 겁니다. 그 그늘은 때로는 나라를 뒤흔들 정도가 돼 버렸습니다.

아빠 찬스 엄마 찬스, 비뚤어진 학벌주의

몇 해 전, 말 그대로 나라가 뒤집어졌습니다. 시민들이 전국에서 촛불을 들고 거리로 나서고, 결국 대통령을 탄핵시켰죠. 그 사건의 발단은 입시 부정 의혹이었습니다. 대통령과 가까운 사람의 딸이, 석연찮은 과정을 거쳐서 이른바 명문 대학에 들어간 것이었죠. 이를 알게 된 그 대학 학생들이 먼저 시위에 나섰고, 이어서 정권의 비리가 줄줄이 드러났습니다. 대통령이 쫓겨나고 정권이 바뀐 것이 그 사건 때문만은 아니었지만 출발점은 그랬답니다.

한국에서 입시 부정은 보다시피 진짜로 나라를 뒤흔들 수 있는 스캔들입니다. 열심히 공부해서 좋은 대학에 가고, 좋은 직장에 취직해서 안정적인 삶을 꾸리는 것이 능력-학력주의의 기본 틀인데 그걸 시작부터 흔드는 것이니까요.

특히 청년들의 분노가 '촛불 혁명'의 도화선이 됐습니다. 부정 입학이 "우리 사회의 대중들이 갖고 있는 원초적인 정의감을 건드렸다."고 분석하는 사람도 있습니다. 당시 부정 입학한 것으로 드러난 '정권 실세의 딸'이 소셜 미디어에 "돈도 실력이고 부모를 잘 둔 것도 실력"이라는 내용의 글을 올리면서 젊은이들의 분노를 자극한 것이 사실입니다. 대학에 미심쩍게 들어간 것으로도 모자라 이 학생이 학점까지 '빽'으로 따낸 것이 드러나면서 기름을 부은 것도 맞고요. 이런 일은 노력과 능력으로 성공해야 한다는 믿음을 뿌리부터 흔들었습니다.

그 뒤에도 장관이나 국회의원 같은 실력자의 자식이 인맥을 동원해 스펙을 쌓았다더라, 인턴을 했다더라, 높은 학점을 받았다더라, 취업을 했다더라 하는 뉴스들이 잇달아 나오면서 한국 사회에서 '공정성'이 가장 큰 이슈가 됐지요. 아빠 찬스, 엄마 찬스에

온 나라가 시끄러웠습니다. 이렇게 한국에서 입시 부정은 나라를 뒤흔드는 범죄입니다. 하지만 숱한 경제적 범죄에는 상대적으로 관대한 편이죠.

불법을 저지른 사람은 처벌해야 하고, 제도에 구멍이 숭숭 뚫려 있다면 막아야 합니다. 그런데 여기서 반드시 생각해야 할 문제가 있습니다. 입시가 인생의 골든키이고 학력이 곧 능력이라고 쳐요. 하지만 과연 그 학력, 좋은 대학에 간 공은 온전히 학생 개인의 것일까요? 그 입시 결과만으로 평생 남보다 나은 인생 경로를 걸을 수 있게 되는 것이 정당한 일일까요?

2019년에 교육부가 사교육비 통계를 내 보니 전체적으로 무려 21조 원에 달했습니다. 초등학생이 9조 6,000억 원으로 가장 많았고 중학생이 5조 3,000억 원, 고등학생이 6조 2,000억 원이었습니다. 차이가 나는 것은 학생 수가 당시 초등학생이 가장 많았고 그다음이 고등학생, 중학생 순서였던 것 때문이지만 어린아이들에게 투입되는 사교육비가 거의 10조 원에 육박한다는 것은 놀라운 일입니다.

초등학생 때부터 자사고(자율형 사립고)를 갈 것이냐 외국어고등학교 같은 '특목고'를 갈 것이냐를 놓고 고민한다고들 하지요. 실제로 학생 한 사람당 사교육비를 보니 초등학생이든 중학생이든, 자사고나 특목고로 가길 바라는 학생일수록 집에서 사교육비를 더 많이 썼습니다. 전체 초·중·고등학교 학생 숫자로 나누면

1인당 월평균 사교육비는 32만 원이었고, 사교육을 받는 학생들만 놓고 보면 월평균 43만 원이었습니다. 그런데 자사고에 가고 싶어 하는 중학생은 매달 평균 잡아 1인당 55만 원을 사교육에 썼습니다.

사교육비는 지역에 따라 차이가 납니다. 서울에서는 학생당 매달 평균 45만 원을 썼지만 전라남도에서는 18만 원을 들였습니다. 서울 학생들이 2.5배의 교육비를 더 쓴 겁니다. 지역 차이만이 아니라 집안 사정에 따라서 당연히 크게 차이가 납니다. 한 달에 800만 원 이상을 버는 부잣집 아이들은 1인당 54만 원어치의 사교육을 받았는데 200만 원을 못 버는 가구의 아이들의 사교육비는 평균 10만 원이 조금 넘었습니다. 5배 넘게 차이가 난 겁니다.

이른바 '스카이'로 불리는 서울대, 고려대, 연세대에 들어가는 학생들 중에 서울 강남 출신이나 자사고, 특목고 출신 비율이 높다는 것은 이제는 뉴스도 아닙니다.

한국 전문가인 노르웨이 오슬로대학교의 박노자 교수는 "속칭 스카이 학벌이 점점 '세습'되고 있다는 걸 이제는 아무도 부정할 수 없다."고 쓴 적 있습니다. 세계화 시대이다 보니 스스로가 스카이 학벌을 가진 부모들은 자기네 아이들을 미국의 사립 초·중·고등학교나 명문대에 보내는 등 국내의 학벌주의가 '국제적'인 면모까지 띠게 됐다고요. "학벌은 단순히 신분의 범주를 넘어 대한민국의 하나의 사이비 종교가 됐다."는 지적은 뼈아픕니다.

'시험만이 공정하다'는 믿음

예전의 부모들은 "나는 못 배웠어도 자식을 공부시키면 나보다는 잘 살고 사회적인 위치가 올라갈 것이다."라고 믿었고 실제로도 그랬습니다. 그래서 교육을 '계층 이동의 사다리'라 부른 겁니다. 많이 배우면 사회 계층이 올라갈 수 있다는 면에서요. 이 사다리를 누구라도 노력으로 올라갈 수 있는 사회를 '계층 이동성이 높다'고 표현하지요. 그게 능력주의 사회이고, 노력의 동기가 됩니다. 그런데 상위권 대학을 나온 부모는 전문직 종사자가 되거나 대기업 정규직으로 돈을 벌고, 그 돈을 자식의 과외 교습에 쓰고, 자식들은 다시 상위권 대학에 가서 탄탄대로를 걷는다면 '세습'이라 해도 과히 틀린 말은 아니죠.

학력에 돈이 너무 많은 영향을 미친다는 것을 모르는 사람이 없으나, 그럼에도 불구하고 여전히 시험은 '가장 공정한 것'이라는 믿음은 오히려 점점 더 강해지고 있습니다. 요즘에는 시험이 공정해야 한다는 믿음을 넘어서서 '오직 시험만이 공정하다'는 생각으로까지 나아간 것 같습니다. 시험 점수는 숫자로 확인할 수 있지만 다른 방식의 평가는 인맥이나 심지어 뇌물 같은 부적절한 것들이 더 많이 끼어들 수 있을 것 같으니 그런 거죠. 평가 방식을 믿지 못하는 청년들이 "차라리 시험으로 줄을 세워 달라."고 아우성을 치는 일이 늘어난 것도 그 때문입니다.

2020년 8월 인천국제공항 정규직 직원들이 비정규직의 정규직 전환에 반대하는 시위를 하고 있다.

대표적인 게 '공공 부문 정규직화'를 둘러싸고 벌어진 일이었어요. 공항이나 학교나 공공 기관에는 완전히 그 기관에 소속되지 않은 채 비정규직으로 일하는 사람들이 많습니다. 공공 부문에서 일하는 이런 비정규직 종사자들은 대체로 정규직인 '사무직' 직원들이 하지 않는, 좀 더 힘들고 위험하거나 전문 기술이 필요 없는 일을 하는 경우가 많습니다.

정부가 공공 부문에서 일하는 비정규직들을 정규직으로 채용해 주겠다는 방침을 발표하자마자 "입사 시험을 보지 않은 사람들에게 정규직 일자리가 웬 말이냐."라는 반발이 터져 나왔습니다.

일례로 2020년 6월 정부가 인천국제공항에서 일하는 소방직, 보안검색직 직원들을 정규직으로 바꾼다고 발표했습니다. 대부분은 그전부터 오래도록 그 일을 해 온 사람들입니다. 입사한 지 대략 3년이 넘은 사람들은 서류 전형, 인성 검사, 적격 심사, 면접을 거쳐 정규직으로 바꾸기로 했습니다. 그 이후에 들어간 사람들이나 직급이 좀 높은 사람들은 필기시험까지 통과해야 정규직으로 바꿔 준다고 했지요. 인천국제공항에 소방직이나 보안검색직으로 들어가길 바랐던 취준생이라면 섭섭할 법도 합니다. 이미 들어가 있는 사람들의 신분을 보장해 주다 보면 새로 뽑는 인원이 줄어들 수 있으니까요.

그런데 놀랍게도 제일 화를 내고 반발한 것은 그곳에서 전부터 일해 온 정규직들이었습니다. 소방이나 보안검색 업무를 하지 않는 정규직 직원들이 나서서 비정규직들을 '로또 맞은 사람들', '무임승차를 한다'라고 비난하고, 서울 도심에서 유인물을 나눠 주면서 반대 시위를 벌였습니다.

내 밥그릇을 빼앗기는 것도 아닌데, 내가 그 일을 하고 싶은 것도 아닌데, 남에게 나와 같은 '공항공사 정규직 직원' 이름표를 주는 것에 왜 그렇게들 반대를 한 걸까요? 게다가 반대하고 나선 사람들의 상당수는, 정규직이 되기를 바라는 비정규직 직원들보다 그 직장에서 일한 기간이 훨씬 짧은 사람들이었는데 말이죠.

누군가가 한 직장에서 오래도록 특정 업무를 계속했다면 그 분야에 '지금 막 들어오는' 사람보다는 능력을 더 쌓은 것으로 보는 게 타당합니다. 소방이나 보안 업무를 공항에서 10년 넘게 한 사람들이 지금 막 시험을 쳐서 입사한 사람보다 소방과 보안 업무를 잘 알고 잘 하겠지요. 그런데 일을 실제로 하면서 쌓아 온 10년 경력은 업무 능력이 아니라 하고, 입사 시험에서 합격한 것만이 실력이고 능력이라 합니다.

왜 그렇게 여기게 된 걸까요. 시간과 돈을 들여 몇 년씩 공공 기관 입사 시험 준비를 해서 합격한 사람들은 스스로가 '공정한 경쟁을 치러 이겼으니 보상을 받을 자격이 있다'고 믿기 때문입니다. 입사하려고 노력한 것이 실제로 일을 한 것보다 더 힘들고 보상받을 일이라고 여기는 겁니다. 정규직의 울타리 안으로 들어가기 위해 엄청난 에너지와 노력을 들인 만큼, 경쟁에서 이긴 사람들은 그것이 온전히 자신의 노력에 대한 대가이자 성취라고 생각합니다. 그래서 다른 경로를 거치는 사람들에 대해서는 인정해 줘서는 안 된다며 배제하려는 심리가 생겨납니다. 시험이 아닌 방식으로 회사에 들어와 일하는 사람들이 생겨나면 나의 성취가 깎이는 것 같고, 그런 길을 자꾸 열어 주면 안 될 것 같고……

선생님이 해마다 옮겨 다니는 이유

비슷한 일이 학교에서도 벌어지고 있다는 걸 아마 학생들은 많이들 알고 있을 거예요. 학교의 비정규직인 '기간제 교사' 문제 말이에요.

2018년 기준으로 우리나라 유치원, 초등학교, 중학교, 고등학교에서 일하는 비정규직 선생님은 약 5만 명. 전체 '정규 교사'가 45만 명 정도이니, 정규직 교사 10명당 1명꼴로 기간제 교사가 일하고 있는 셈입니다. 정부 통계를 보면 유치원보다는 초등학교에, 초등학교보다는 중학교에, 중학교보다는 고등학교에 기간제 교사 비중이 높습니다. 고등학교 교사 가운데 15퍼센트가 기간제 교사였습니다.

교사들 인건비를 줄일 필요도 있고, 정규직 선생님이 출산을 하거나 휴직을 할 때에 일시적으로 교사가 필요한 경우도 있으니 비정규직 교사가 생겨납니다. 그런데 가만 보면, 단기간에 임시 교사가 필요해서 기간제 교사를 채용하는 것으로만 보기는 힘들 것 같아요. 학교에서 정규직 교사들이 하기 싫어하는 보직을 맡거나 일부 교사들이 귀찮아하는 학급 담임 일을 떠맡는 기간제 교사들이 너무 많거든요. 예를 들어 서울시교육청에 따르면 2019년에 서울 지역 학교에서 보직을 맡은 기간제 교사 중에 절반이 생활지도부장이었다고 합니다. 학교 폭력과 관련된 일을 맡은 생활

지도부장은 선생님들이 대체로 하기 싫어하는 '기피직'이래요.

전국의 5만 명 기간제 교사 가운데 학급 담임을 맡은 교사가 49퍼센트, 절반이 담임 선생님이었다는 얘기죠. 담임 교사 역시 교사들이 맡기 꺼린다고 하네요. 그래서 2020년에는 교육부가 '기간제 교사에게 보직이나 담임을 맡기지 말고 정규 교사와 비교해서 불리하게 일을 주지 말라.'는 공문까지 전국 교육청에 내려보냈답니다. 비정규직에게 힘든 업무를 떠넘기는 학교가 너무 많다 보니 생긴 일입니다.

기간제 교사가 생긴 것은 1997년부터입니다. 그런데 그 비율은 꾸준히 늘고 있습니다. 국립학교나 공립학교보다 사립학교에 기간제 교사가 많은데, 연령별로 보면 20~30대가 65퍼센트입니다. 학교들은 1년 단위로 기간제 교사와 계약을 합니다. 이 선생님들은 해마다 연말이면 학교와 재계약을 할 수 있을지 불안에 떨어야 합니다. 실제로 기간제 교사 10명 중 4명은 매년 다른 학교로 옮겨 새로 계약을 하는 것으로 나타났습니다.

선생님들이 '이 학교에서 내가 1년 넘게 일할 수 있을까' 걱정하면서 아이들을 대해야 한다면 교육의 질이 떨어질 수밖에 없지요. 그런데 기간제 교사들을 정규 교사로 바꿔 주려던 정부 방침이 2017년 무산됐습니다. 왜 그렇게 됐냐고요? 현직 교사들, 그리고 교사가 되기를 희망하는 사람들이 반대했기 때문입니다. 특히 교육대학이나 사범대학에 다니는 학생들이 집회를 열고 시위를 하면서 거세게 반대했어요. 교사가 되기를 바라는 대학생들은 "기간제 교사를 정규 교사로 채용하는 것은 임용고시(교사 시험)를 바라보며 착실히 공부하는 수험생에 대한 역차별"이라고 했습니다. "기간제 교사도 공정한 경쟁에 참여해야 한다."며 시험을 치르게 만들어야 한다는 주장이었습니다. 예비 교사들은 "기간제 교사가 비정규직이기 때문에 사회의 약자로 보는 인식이 있지만 진짜 약자는 우리"라면서 "짧게는 1년에서 길게는 5년 넘게 시험을 준비하는 수험생이야말로 고용 불안에 시달리는 진짜 사회적 약자"라고 집회에 나와 외쳤습니다.

기간제 교사들을 정규 교사로 바꿔 주는 것은 원래 대통령의 공약이었는데 이런 반발 때문에 방침을 바꾸면서 정부는 "교직은 청년들이 선호하는 일자리"라는 점, 기간제 교사들을 정규직으로 바꾸는 것에 "사회적 형평성 논란"이 있다는 점을 이유로 들었습니다.

여러분은 어떻게 생각하나요? 학교에서 아이들을 가르치게 했다면 교사로서의 능력을 인정한다는 뜻이죠. 그런데 교단에는 세웠지만 교사의 자격은 줄 수 없다고 하면 이것은 정당할까요? 학교에서 담임이나 중요한 보직을 더 많이 맡고 있는 사람들에게 '자격이 없으니 일은 시키더라도 혜택은 주지 말라.'고 하는 것은 능력주의에 바탕을 둔 공정한 처사일까요? 우리가 바라는 '능력대로 받는 세상'의 참모습은 어떤 걸까요?

시험을 봐서 정규직이 되겠다고 마음먹은 사람들은 '저들 때문에 정규직 일자리 숫자가 줄어들잖아.'라고 생각할 수 있겠지만 정말 그럴까요? 어떤 식으로 뽑든 간에, 한국 사회에서 정규직 비율은 점점 줄어들었습니다. 시험을 보지 않고 정규직이 되는 사람 숫자가 몇 명인지와는 상관없이, 기업들과 정부 기관들이 돈을 덜 주고 쓸 수 있다는 이유로 비정규직을 늘려왔기 때문입니다.

정규직 일자리가 줄어드는 것은 '정규직이 될 수 있는 자격'이나 '정규직으로서 받아야 하는 당연한 보상'과는 사실 별로 관계가 없습니다. 단지 고용하는 사람들이 어떻게 마음먹느냐에 따라서 그 '자격'이나 '보상'이 너무 쉽게 바뀌거든요.

이 사다리가 '마지막 사다리'였으면

능력주의를 분석하는 학자들의 생각에는 여러 갈래가 있는데요. 어떤 학자들은 능력주의를 노동력과 연결지어 바라봅니다. 앞서 길게 설명한 대로, 능력이 많은 사람일수록 높은 성과를 거둬 더 많은 보상을 받을 수 있다는 생각이 퍼져 있으면 개인이 성장하고 일하는 사람들의 전체적인 생산성이 올라간다는 측면을 강조하는 겁니다. 반면에 또 다른 학자들은 능력주의가 실제 직무에 필요한 능력을 키우는 기능보다는 취업과 승진에서 사람들을 분류하고 선별할 수 있게 해 주는 도구라는 것에 초점을 맞춥니다. 무슨 무슨 대학을 나왔다는 것은 취업 희망자가 상당한 능력을 갖췄다는 신호이므로, 기업을 비롯해 채용하는 기관들 입장에서 보면 가장 손쉽게 인재를 선별하는 도구로 쓰인다는 겁니다.

시험을 봐서 회사에 들어간 사람과 시험 절차를 거치지 않고 들어간 사람 사이에 차등을 두는 것이 공정하다고 말하는 청년들이 적지 않습니다만, 그거야말로 또 다른 측면에서 공정하지 않은 것일 수 있습니다. 회사에서 일을 해서 높은 성과를 내면 더 많은 돈을 주고 승진을 시켜 주는 게 당연하지요. 그런데 입사 시험을 잘 본 것이 회사의 성과를 높여 준 일일까요? 개인의 성취인지는 몰라도, 회사나 정부 기관의 생산성을 높이는 것과는 아무 상관이 없습니다. 회사에서 학력이나 시험 성적으로 사람을 뽑는 것은, 앞서도 말했듯이 그저 학력이나 시험 성적이 사람을 평가하는 '가장 쉬운' 방법이기 때문입니다.

그런데도 시험에서 통과해야만 자격이 있다고 믿는 것은 다른 방식의 평가가 공정하지 않았을 수 있다고 보기 때문입니다. '금수저 전형', 고위층 자녀의 수상한 대학 합격 사건 같은 것들이 불신을 부채질하지요. 그렇다 보니 대학 입시에서 전반적으로 학생이 학교생활을 해 온 과정을 보는 학생부종합전형(학종)보다 점수로 딱 나오는 수능이 더 공정하다는 사람들이 많습니다. 사교육비를 얼마나 쓰느냐에 따라 결과가 가장 많이 달라지는 것이 수능이라고 교육 전문가들은 말하는데, 학생들과 학부모들은 '그래도 수능이 공정하다.'고 생각합니다.

물론 학종에도 가정 형편은 영향을 미칩니다. 안정된 가정에서 크게 돈 걱정할 일 없는 부모 밑에 자라난 학생은 출발선부터 좀 앞에 있는 겁니다. 부모의 교육 수준이 높아서 어릴 때부터 지적인 가정 분위기 속에 미래를 향한 꿈을 키우고 여행을 다니고 좋은 책들을 읽고 다양한 직종에서 일하는 어른들을 접한다면 그것만으로도 이미 충분히 '내가 노력하지 않고 얻은 혜택'을 누리는 겁니다. 그러니 수능을 선호하는 여론을 비판만 할 수는 없지요. 하지만 시험이 가장 공정하다는 생각은 대입 외에도 여러 곳에 퍼져 있습니다.

판사, 검사, 변호사를 뽑는 '사법시험'이 특권층으로 가는 길처럼 인식되면서 너무 폐해가 커지니까 제도를 바꿔 로스쿨을 만들었습니다. 일종의 대학원이고, 여기를 나와서 변호사 시험을 보면 법률가의 자격을 주는 것이죠. 그런데 사법시험이 더 공정하다면서 부활을 외치는 사람들이 사라지지 않습니다. 로스쿨 학비가 엄청나다 보니 고소득층 가정 출신들이 실제로 로스쿨에 많이 입학하는 것은 사실입니다. 이것이 '로스쿨은 불공정하다', '사법시험이 가장 공정하다'는 믿음을 낳습니다.

시험이 가장 공정하고, 시험을 통과하는 것이 곧 능력이고, 시험에 통과하지 않은 사람에게는 자격을 주지 말아야 한다는 믿음. 어떤 사람들은 이런 심리를 '사다리 걷어차기'에 비유하기도 합니다. 계층을 올라가는 사다리에 어렵사리 매달려 올라왔다고 생각하니까 "제일 늦게 사다리에 오른 이가 뒷사람을 걷어차는 심리"가 생긴다는 겁니다.

내가 무엇을 어떻게 해 왔는지를 가지고 스스로를 평가하기보다는 점수로 등수를 매기는 것으로 정체성을 형성해 온 것이 더 근본적인 문제일 수도 있습니다. 시험을 봐서 점수가 높으면 자존감이 높아지고, 공부를 못하면 자존감이 낮아지는 구조에서 자라났다는 거죠. 그렇게 청소년기를 보내고, 대학에 들어가고, 일자리를 찾습니다. '서열'에 너무 익숙할뿐더러, 서열이 있어야만 나의 자존감을 확인할 수 있게 됩니다.

몇 년 전에 유명 대학의 학생 게시판에 올라왔다는 글이 이슈가 됐습니다. 이미 유명하다는 대학에 들어왔으면 입시 전쟁의 승자라고 생각할 법도 한데, 어떤 전형으로 들어왔느냐에 따라 다시 또 그 안에서 신라 시대의 골품제에 빗대 서열을 매긴 겁니다. 정시 합격생과 수시 합격생, 재수 정시 합격생은 성골. 삼수 이상으로 정시에 합격했거나 재수로 수시에 합격했으면 진골. 교환학생으로 온 외국 국적의 학생이나 특별 전형으로 들어온 사람은 6두품, 그 밑에는 5두품⋯⋯.

늘 뭔가를 평가받으며 성장하다 보면 평가를 하고 서열을 매기는 것을 당연히 여기게 되지요. 서열을 정하는 게 버릇이 되면 차별에 익숙해지고요. 서열에서 아래쪽에 있는 것은 그 사람이 능력이 없기 때문이라고 여기면 공감과 연민과 연대의식이 사라집니다. 그런 과정이 대학 서열화를 지나 대학 안에서의 서열화로 치닫습니다. 비슷한 성적대의 학생들이 다니는 대학에서조차 차등을 두어 서열을 매기다 보니 어떤 전형으로 들어왔는지, 재수 삼수를 했는지까지 따지게 되는 겁니다.

시험의 늪에 던져지는 청년기

이쯤 되면 능력주의는 형체도 희미해집니다. 애당초 학력에서 '인플레'가 일어나는 것은 기술이 빨리 변화하면서 일자리마다 필요한 '숙련'의 문턱이 높아지기 때문입니다. 그런데 거기에 발맞춰 능력을 쌓기 위해서가 아니라, 일자리를 독점하거나 경쟁하기 위해서 학력을 쌓는 것으로 무게중심이 이동해 갑니다. 그렇게 되면 교육은 실제 생산성을 높이는 능력과는 거리가 멀어지게 됩니다.

모두의 학력 수준이 높아지면서 학력 인플레이션은 갈수록 심해집니다. 모두가 대학에 가고 모두가 학사학위 소지자가 되면 학위의 가치는 떨어지는 게 당연합니다. 개인들은 그럴수록 더 좋은 대학 졸업장을 갖거나 석사, 박사 학위를 갖는 것이 학력의 가치가 떨어지는 것에 대한 대비책이라고 여기게 되는 겁니다. 학력주의와 학력 서열화의 악순환으로 가는 거죠.

고등학교 때까지 학원에 다니고 인강을 듣는 것으로도 모자라 대학에서도 그걸 반복하게 되고, 대학을 졸업한 뒤에도 공무원 시험(공시)이다 취직 시험이다 해서 학원에 다닙니다. 그래서 한국을 '고시 공화국'이라 부르기도 합니다. 인생의 젊은 시절에 너무 오랜 시간을 시험 속에서 보내야 하니까요.

개인에게는 몇 년이 걸린다 해도 그 기간을 버텨 낼 돈만 있다면 꽤 괜찮은 투자가 될 수 있습니다. 하지만 사회 전체로 봐서는 엄청난 낭비라고 볼 수 있습니다. 생산적인 활동을 해야 할 젊은 층 수십만 명이 '시험 준비'에 3~4년씩을 보내는 것이기 때문입니다.

왜 그런 악순환이 갈수록 심해지는지 생각해 보려면, 우리에게 '직업'이 어떤 의미를 갖는지를 돌아봐야 할 듯합니다.

사는 데에 꼭 필요한 물건이라기보다는 나의 사회 경제적인 지위를 보여 주는 데에 더 도움이 되는 물건을 경제학에서는 지위재(地位財, Positional goods)라고 부릅니다. 골프클럽 회원권이나 외제 스포츠카, 교외에 별장 같은 것들이죠. 음료수 한 잔을 마시더라도 글로벌 브랜드인 스타벅스에 가서 마시는 게 좋다는 생각을 한다면, 정말로 스타벅스의 커피 맛이 다른 커피 전문점보다 압도적으로 좋기 때문만은 아닐 거예요. 흔히 우리가 '이름값'이라고 부르는 물건이나 서비스 가운데 대부분은 그것을 소비함으로써 느끼는 '나의 위치'에 대한 만족감과 이어져 있거든요.

직업도 일종의 지위재처럼 여겨질 때가 많습니다. 어떤 일을 하면서 느끼는 행복 못잖게, 어떤 직업을 가졌다 또는 어떤 직위에 앉아 있다는 것에서 얻는 지위의 만족감이 크게 작용하는 것이죠.

더 많은 권력과 더 많은 부를 차지하기 위해, 즉 '지위재'로서의 직업을 갖기 위해 학벌을 갖춰야 하는 사회가 되면서 오히려 사회 전체의 경쟁력은 떨어지고 있습니다. 그래서 어떤 사람들은 한국이 '과잉 학력 사회'가 됐다고들 말해요.

공부, 더 공부······ 학력의 인플레

과잉 학력은 쓸데없이 공부만 많이 했다는 뜻이죠. 비싼 학비를 내고 공부를 했는데 사회에서 딱히 오라는 곳이 없다는 건, 학교에서 배운 게 사회가 필요로 하는 지식이 아니라는 이야기입니다. 이론적으로는 교육을 늘리면 사람들의 능력 수준이 높아져서 생산성도 올라가야 하는데, 지금 우리 사회에서는 생산성을 높이는 데에 필요한 것과는 그다지 상관없는 교육을 너무 많이 시키고 있다는 겁니다.

실제 능력보다 학력을 가지고 사람들의 서열을 매기고, 취업할 때나 직장에 들어간 뒤에나 그 서열이 크게 달라지지 않습니다. 그러다 보니 '공부'는 능력을 키워 더 나은 사람이 되기 위한 것이 아니라 어떻게든 상층부 집단에 속해서 나머지 사람들을 따돌리기 위한 수단이 돼 버렸습니다. 내가 남보다 더 배운 것이 나의 우위를 보여 주는 수단이라고 믿기 때문에 너나없이 더 배움으로써 더 높은 자격을 갖고 있음을 입증해야 하는 상황이 온 거죠.

한 조사를 보면 한국은 실제 산업에서 필요로 하는 것보다 과잉 학력을 가진 사람들이 비중이 가장 높아서 70퍼센트에 이른다고 합니다. 대학에서 배운 것과 사회에 나가서 하는 일이 일치하지 않는 '직무-전공 불일치' 비율도 50퍼센트로 다른 OECD 국가들에 비해 훨씬 높았습니다. IMF 금융위기에 더해 2008년 무렵에 세계에서 금융위기가 다시 일어났는데, 이런 글로벌한 위기 상황이 닥쳐서 불안감이 커질 때마다 한국에서는 대학을 졸업하고도 더 공부를 하겠다며 대학원에 입학하는 사람들의 수가 늘었습니다. 2013년의 조사에서는 석사나 박사 학위를 가진 사람 약 88만 명이 '과잉'인 것으로 나타나기도 했어요.

앞서도 설명했지만, 1990년대 중반까지는 한국 사회에서 학력주의가 사회와 경제가 발전하는 데 기여한 것으로 평가를 받고 있습니다. 입시가 학생들이 더 열심히 공부하게 채찍질해 주는 동기가 되고, 우수한 인력을 키우는 데에 도움이 됐지요. 기업들은 다양한 업무를 고르게 어느 정도 수행할 수 있는 사람을 원했고, 노동자 개인으로 봐서도 특수하고 전문적인 능력보다는 '일반적인 능력'을 추구하는 게 나았습니다. 그런데 1990년대 중반 이후 대졸자는 급증하고, 일자리 증가세는 꺾이면서 한국의 학력주의가 사회 전체에 끼치는 부정적인 영향이 커진 것으로들 분석합니다.

학력 과잉에다가 학벌의 위세가 이전보다 오히려 더 강화되는 '학력주의의 2라운드'가 시작된 것으로 보는 학자들도 있습니다. 괜찮은 일자리가 정체된 상태에서 대학 졸업자들 사이에서도 일자리 전쟁이 벌어진 겁니다.

입시 경쟁에 쫓기는 10대들, 대학에 가도 치열한 취업 경쟁. 학교 교육이 제 기능을 못 하고 너나없이 행복하지 못한 청소년기를 보내야 하는 사회라면 그 자체로 큰 문제입니다. 하지만 상황이 그렇게 된 것은 자라나는 세대의 잘못이 아니죠. 교육도 변해야 하지만 학력주의, 학벌주의가 조금이라도 줄어들려면 일해서 돈 버는 구조 즉 노동 시장이 바뀌어야 합니다. 대기업이냐 중소기업이냐에 따라 돈벌이가 너무 다르고, 정규직이냐 비정규직이냐에 따라서도 삶의 질이 너무 차이가 납니다. 이런 구조를 바꾸지 않는다면 무한경쟁의 바다에서 모두가 허우적거리는 현실을 고치기는 힘듭니다.

학력주의, 학벌 사회를 거부하고 자기 길을 찾아 나서는 사람들은 점점 늘어나고 있습니다. 혹시 '투명가방끈'이라는 단체에 대해 들어 봤나요? 2011년부터 입시 경쟁에 파묻힌 교육과 학력에 따른 차별을 비판하면서 "다양한 삶이 존중받을 수 있게 하자."며 모인 젊은이들이랍니다. 이들은 입시를 거부하는 것으로써 그런 의지를 선언해 왔습니다.

아예 '입시 루트'에 들어가지 않는 사람들도 있습니다. 고등학교를 자퇴하고 스타일리스트 학원에 다니는 아이도 있고, 마이스터고등학교에 진학해 남들보다 일찍 직업을 준비하는 친구들도 있지요. 대학에 들어간 뒤에 학교를 그만두고 창업을 하는 사람들도 적지 않습니다. 여러분이 잘 아는 스티브 잡스도, 빌 게이츠도, 마크 저커버그도 대학을 중퇴하고 애플과 마이크로소프트(MS)와 페이스북을 차렸답니다.

모든 고양이가
캣타워에
오를 수 있는 건
아니에요.

어떤 고양이는 인형 뽑기 안에
들어갈 기회도 없어요.

낮은 캣타워가 따로 있어도
완전히 똑같은 기회는
아니에요.

인형 뽑기 밖의 세상은
고되고 힘들죠.

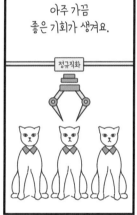

아주 가끔
좋은 기회가 생겨요.

그렇지만……

인형 뽑기 안이든 밖이든
행복하게
살 수 없을까요?

5장

모두 노력하는데
왜 불평등은 심해질까

해마다 한국의 어느 유명 연예기획사에서 실시하는 오디션에 1,000명이 넘는 청소년, 젊은이들이 참가한다고 합니다. 이 회사의 오디션 참관기가 신문에 실린 적이 있어요. 단 1분 안에 재능과 '끼'를 보여 줘야 하니, 경쟁은 당연히 치열합니다.

오디션 프로그램도 넘쳐납니다. '슈퍼스타K'에서부터 '프로듀스101', '쇼미더머니', '미스트롯' 등등을 통해 스타가 된 사람들이 줄줄이 떠오르는군요. 오디션에 합격했다고 해서 성공이 보장되는 것은 아니며, 떨어졌다고 해서 인생이 무너지는 것도 아닙니다. 원빈도, 비(정지훈)도 모두 SM 오디션에 떨어진 적 있대요. 하지만 그런 예외를 제외한다면 '떨어진 사람들'은 아무도 기억하지 못합니다. 떨어진 사람들 숫자가 본선에 진출한 사람들, 스타가 된 사람들의 몇백 배나 되는데 말이죠. 한번 '뜨면' 엄청난 관심도 받고 돈도 벌지만 사실 예술계나 대중문화계, 스포츠계는 극소수의 '톱클래스'와 그 나머지 다수 간의 보상이 엄청난 차이를 보이는 분야랍니다.

요즘에는 일반 기업에서도 '아주 많이 버는 상층부'와 나머지 다수의 임금 격차가 벌어지는 추세입니다. 능력대로 보상을 받아야 한다는 생각에는 타당한 이유가 있습니다. 그런데 우리 개개인의 능력 차이는 과연 얼마나 클까요? IQ가 높은 사람도 있고, 노력해서 지식을 쌓은 사람도 있고, 공부를 게을리한 사람도 있고, 사정 때문에 공부를 할 수 없었던 사람도 있고, 학교 공부가 아닌 다른 쪽에서 기술을 쌓은 사람도 있습니다. 회사에서 일을 잘 하는 사람도 있고 못 하는 사람도 있습니다.

그런데 개인의 능력 차이는 사실 생각처럼 크지 않고, 환경에 따라 많이 달라집니다. 한국처럼 교육열이 높은 나라에 태어나 어려서부터 학업에 열중하고, 틈틈이 스마트폰을 들여다보고 유튜브로 여가 시간을 보내는 사람들도 있지만 태어난 곳 자체가 가난하고 인프라가 없어서 교육의 혜택을 누리지 못하는 사람들이 있는 것처럼.

그런데 세계의 부자들과 나머지 사람들의 차이는 점점 커져 갑니다. 해마다 세계 각국의 정상들이나 글로벌 기업가들, 유명한 경제학자들이나 금융 기구의 전문가들이 모여서 경제의 흐름을 점검해 보는 회의가 있습니다. 세계경제포럼(WEF)이라는 것인데, 스위스 다보스에서 열리기 시작했다고 해서 흔히 '다보스 포럼'이라고 불러요. 예전에는 '부자들의 모임'이라고 곱지 않게 보는 사람들도 적지 않았는데, 요사이에는 이 회의에서도 불평등이 중요한 이슈로 떠올랐습니다. 부자들, 힘 있는 사람들이 보기에도 세상의 불평등이 너무 커져서 글로벌 경제를 위협하고 각국에서 사회의 안정을 깨뜨리는 위험을 부를 수 있다는 생각이 커진 겁니다.

코로나보다 무서운 불평등 바이러스

영국의 구호 기구인 옥스팜에서는 해마다 다보스 포럼에 맞춰 불평등 보고서를 냅니다. 2020년에 내놓은 보고서를 보니, 세계에서 가장 돈 많은 2,000여 명이 가진 재산이 세계 인구 60퍼센트가 가진 것보다 더 많았습니다. 억만장자 2,000여 명의 재산 총합이 지구상 46억 명의 재산보다 더 많았던 겁니다. 2,000명밖에 안 되는 사람들이! 좀 더 범위를 넓혀서 세계 상위 1퍼센트 부자로 확대해 보면 이들이 가진 돈은 69억 명이 가진 자산의 2배였습니다.

2021년에 발표한 보고서에는 코로나19 팬데믹(글로벌 전염병)

2020년 다보스 포럼 반대 시위에서 사람들이 "기후 위기에 맞서 싸우자!"라는 플래카드를 들고 행진하고 있다.

이 빈부 격차를 더 키우고 있다는 사실을 담았습니다. 이 전염병으로 세계의 가난한 사람들이 입은 피해에서 회복되려면 10년 이상 걸릴 것으로 보고서는 예상했습니다. 다보스 포럼에서 발표된 이 보고서의 제목은 '불평등 바이러스'입니다. 코로나바이러스와 함께 불평등이라는 바이러스가 세계를 강타했다는 겁니다.

세계 갑부 1,000명은 이미 1년 만에 코로나로 인해 잠시 입었던 손실을 다 만회했다고 합니다. 이들 1,000명이 가진 재산이 2020년 12월 기준으로 약 12조 원. 부자 나라라고 하는 주요 20개국(G20) 국가들이 코로나19 뒤에 경제 회복에 쏟아부은 전체 예산에 맞먹습니다. 특히 상위 부자 10명은 재산이 코로나19 이전에 비해 5,000억 달러가 늘었습니다. 우리 돈으로 약 570조 원입니다. 그렇게 재산이 많이 늘어난 부자들 중에는 미국 온라인 상거래회사 아마존을 세운 제프 베조스도 있었습니다. 남들보다 일찍 온라인 비즈니스에 눈 떠서 다른 회사들보다 경쟁력 있는 기업을 만들고, 코로나19 시대에 '비대면 서비스'로 사업을 오히려 더 확장한 능력 있는 기업가죠. 베조스가 세계 1위의 부자가 된 것은 놀랄 일이 아닙니다. 그런데 그의 회사에서도 수만 명이 코로나19에 감염됐고, 전염병이 커지는 기간에 인건비를 줄인다는 이유로 해고됐어요. 베조스가 성공한 것은 능력 덕이겠지만 병에 걸리고 가게 문을 닫고 회사에서 잘리는 사람들이 '능력이 없어서', '노력을 안 해서' 경제적으로 타격을 입은 것은 아닙니다.

'슈퍼스타 자본주의'라는 말이 돌았던 적이 있습니다. 앞서 오디션에 대해 얘기하면서 잠깐 언급했지만, 어떤 분야에서 슈퍼스타 몇 명이 차지하는 몫이 그 나머지들의 몫에 비해 너무 많은 것을 가리킵니다. 로리 매킬로이나 타이거 우즈 같은 세계적인 골프 스타들의 수입은 어마어마하지만 그 나머지 선수들은 가난합니다. 몇몇 뛰어난 스타들은 갑부가 되지만 나머지 가수들이나 배우들은 돈이 없어 아르바이트를 해야 합니다. 이렇게 1, 2등과 그 나머지의 격차가 너무너무 커진 것을 슈퍼스타 자본주의라고 했던 거예요.

　지구상의 '슈퍼 소득자'들은 두 부류로 나뉩니다. 기업에서 돈을 너무너무 많이 받는 슈퍼 경영자들, 그리고 기업 주식이나 재산을 상속받은 사람들. 한국은 그나마 좀 덜하지만 특히 미국에서는 "기업이 버는 돈은 뛰어난 경영자의 경영 능력에 따른 것이므로 그들이 막대한 보상을 받는 것이 정당하다."는 논리가 널리 퍼졌습니다. 따지고 보면 오래전부터 계속 그랬던 것은 아닙니다. 1980~1990년대를 거치면서 이런 현상이 아주 심해졌습니다. 게다가 지난 20여 년 동안 미국에서는 '부자 감세'가 계속됐습니다. 고소득층일수록 오히려 세금을 덜 내게 해 줬던 겁니다. 여기에도 '능력에 따라 보상을 해 줘야 사람들이 더 열심히 일한다.'는 논리가 작용했습니다. 능력자들이 많이 가져가게 해야 나머지 사람들에게도 동기 부여가 되고, 혁신의 동력이 된다는 것이었죠. 그래서 저소득층과 비교해서는 물론이고 같은 직장 안에서도 최고 경영자들이 가져가는 돈과 직원들이 차지하는 몫의 차이가 어마어마하게 커져 버렸습니다. 그런데 정말 기업이 번 돈이 그 능력자들의 탁월한 경영 능력 때문이었는지를 분석한 세계의 경제학자들은 "그렇지 않다."고들 말합니다. 기업의 리더십도 중요하지만 아이디어를 내는 사람들, 실제로 일을 하는 사람들, 당시의 경제 흐름과 '운'이 성공과 실패에 크게 작용을 한다는 겁니다. 금융위기가 일어나고 회사가 망해서 정부가 시민들의 세금으로 기업을 살려 줘야 하는 판인데도 막대한 돈을 챙겨 가는 경영자들, 경영에 실패해 놓고도 보너스를 챙기는 경영자들의 모습이 언론에 보도되면서 '슈퍼 경영자=슈퍼 능력자'라는 공식이 미국에서도 흔들리기 시작했습니다.

이겨라, 모든 것을 갖기 위해!

앞서서 슈퍼스타 자본주의를 얘기했는데, 한 줌밖에 안 되는 승자가 너무 큰 몫을 차지하는 것을 '승자 독식'이라고도 부릅니다. 1등이 거의 모든 것을 차지하는 승자 독식 경제는 어떤 과정을 거쳐서 탄생했을까요.

경제학자들은 자유 무역과 세계화, 그리고 정보 통신 혁명을 배경으로 지목합니다. 세계 경제가 하나로 이어지면서 부천의 노동자들이 중국 광둥의 노동자들과, 캐나다 토론토의 노동자들이 미국 시카고의 노동자들과, 일본 도쿄의 노동자들이 남아프리카 공화국 요하네스버그의 노동자들과 경쟁해야만 하는 상황이 된 겁니다. 오래전에는 우리나라 안에서만 물건을 좀 잘 만들고 마케팅을 좀 잘 하면 됐지만 세계화 시대 이후로는 지구 전체의 경쟁자들과 비교해 낮은 가격으로 질 좋은 물건을 만들어야 합니다.

그런데 정보 통신 기술이 세상을 뒤덮으면서 점점 문화적으로, 경제적으로 세계가 한 흐름을 타게 됩니다. 점점 더 많은 사람이 같은 저자가 쓴 책을 읽고, 같은 감독이 만든 영화를 보고, 같은 브랜드에서 생산된 옷을 입고, 같은 회사에서 만든 스마트폰을 쓰게된 거죠. '글로벌 브랜드'들이 어디서나 인기를 끕니다. 그런데 세계 전역에서 이미 산업화가 이뤄지고 대량 생산되는 상품이나 서비스의 기본 수준은 올라가 있습니다. 품질의 차이는 사실 작은데, 시장에서 그 작은 차이로 경쟁을 하고 하나의 제품이나 서비스가 승자가 됩니다. 시장의 규모가 동네나 도시나 나라를 넘어 대륙 혹은 세계 전체로 커지니, 승자가 되기는 어렵지만 이기고 나면 어마어마한 몫을 차지합니다. 유선전화 시대에는 나라마다 지역마다 전화기를 제조하는 회사들이 있었지만 지금은 삼성, 애플 같은 몇몇 회사들이 세계 시장을 나눠 갖고 있는 것을 상상하면 이해하기 쉬울 거예요.

지금까지 기업 쪽에서 본 세계화와 승자 독식을 주로 설명했는데, 그럼 일하는 사람들 입장에서 보면 어떨까요. 공장에서 물건을 생산하는 제조업에서는 일자리가 줄었고, 노동 운동은 약해졌습니다. 중산층을 떠받쳐 줄 괜찮은 '블루칼라' 직종이 크게 줄어든 겁니다. 반면에 컴퓨터와 관련된 기술은 나날이 발전합니다. 제조업에서든 서비스업에서든, 고용을 하는 사람들은 점점 더 교육 수준이 높은 노동자들을 원합니다. 1980년대 이래로 한국뿐 아니라 세계 어디에서나 학력주의가 심해지고 대학에 가는 사람들이 늘어난 것은 이런 흐름 속에서 벌어진 일이랍니다. 일하는 데 학력이 필요하고, 동시에 학력이 높아야 일을 할 수 있는 시대가 된 거죠. 대학을 나온 사람과 대학 공부를 하지 못한 사람들의 돈벌이 격차도 크게 벌어졌습니다.

소득 불평등은 실제로 얼마나 커졌을까요. 미국에서는 1950년과 1980년 사이에 불평등이 많이 줄었습니다. 이 시기에는 상위 10퍼센트가 전체 국민소득의 30~35퍼센트를 차지했다고 합니다. 그런데 2000년대에는 많이 버는 10퍼센트가 번 돈이 전체 국민소득의 절반 가까이에 이르게 됐습니다. 프랑스의 경제학자 토마 피케티 같은 사람은 "이런 속도라면 미국에서 2030년에는 상위 10퍼센트가 국민소득의 60퍼센트를 끌어모을 것"이라고 말합니다. 이 정도로 차이가 난다면, 이것을 개인의 노력과 능력에 대한 정당한 보상이라고 할 수 있을까요? 피케티가 쓴 『21세기 자본』이라는 책은 이런 불평등을 비판해서 세계적인 베스트셀러가 됐어요. 지금의 현실이 능력주의로 설명하기에는 너무 큰 모순을 안고 있다, 불평등을 이제는 고쳐야 한다고 생각하는 사람들이 늘어나고 있다는 얘기이겠지요.

한국도 미국을 따라가고 있습니다. 고용노동부가 2020년 6월에 발표한 '사업체 특성별 임금분포현황'을 볼까요. 기업의 규모에 따라, 그리고 노동자의 학력에 따라 임금 차이가 크게 나는

개포동 고급 아파트 단지와 서울 마지막 판자촌이라는 구룡마을의 거리는 불과 500미터이다.

것을 볼 수 있습니다. 대기업에 근무하는 '고졸 이하' 직원들은 대학을 나온 사람들이 받는 돈의 70퍼센트를 받았습니다. 그보다 규모가 작은 기업으로 가면 차이가 더 벌어집니다. 대졸 직원들의 60퍼센트도 채 못 받았던 것이죠.

비슷한 시기에 OECD는 한국의 소득 격차가 점점 커지고 있다고 우려했습니다. 코로나19가 한창인 와중에 하위 20퍼센트 가구의 월 평균 소득은 제자리걸음을 했지만 상위 20퍼센트 가구는 오히려 6.3퍼센트 늘었다는 거예요. 전염병에 따른 불황이 자영업자, 임시직, 저임금 노동자, 여성과 청년에게 더 큰 영향을 미친 것으로 나타났습니다.

다만 그래도 한국은 아직까지는 불평등이 덜한 편입니다. 지니계수라는 지수가 있는데, 불평등한 정도를 0에서 1까지 사이의 숫자로 표시한 겁니다. 작을수록 평등한 편이라는 뜻입니다. 세계은행 등에서 내놓은 통계를 보면 남아프리카공화국이나 잠비아 같은 몇몇 아프리카 국가들, 브라질과 콜롬비아 같은 남미 국가들은 불평등이 아주 심합니다. 반면에 한국은 지니계수가 낮은 나라에 속합니다. 여기에는 정부의 정책도 큰 영향을 미칩니다. 한국의 2019년 지니계수는 0.339였는데 2017년부터 3년 연달아 줄었습니다. 일해서 버는 소득만 놓고 보면 임금 차이가 커지면서 불평등이 늘어났는데, 정부의 지원금이나 복지 정책을 통해 그걸 어느 정도 완화해 준 덕입니다.

하지만 열심히 일하면 상위 계층으로 올라갈 수 있다는 믿음, 즉 계층 이동의 사다리는 무너지고 있습니다. 통계청이 2017년에 조사를 했는데, 자식 세대가 열심히 노력하면 사회 경제적 지위가 올라갈 것이라고 대답한 사람이 10명 중 3명뿐이었습니다. 같은 질문을 2009년에 던졌을 때는 절반가량이 "지위가 상승할 수 있다."고 했는데 그 믿음이 빠르게 줄어들고 있는 것이죠. 부모가 '흙수저'면 자식도 흙수저라는 '수저 계급론'이 한국 사회에 널리 퍼지고 있습니다.

그럼에도 학력주의나 '시험을 통해 상승할 수 있다'고들 생각하는 데에는 앞서 얘기했듯이 일자리가 나뉘기 때문입니다. 학벌 사회에서는 직업을 갖기 시작할 때부터 고학력자가 유리합니다. 학력 인플레 속에서도 고학력자와 저학력자 사이의 임금 격차는 그대로이거나 점점 심해집니다.

한국만이 아니라 미국이나 유럽 등 세계에서 이런 현상이 비슷하게 일어나고 있습니다. 어떤 학자는 이런 상황을 '지위의 군비 경쟁'이라는 말로 표현해요. 냉전 시절에 미국과 소련이 서로 상대보다 강해져야 한다면서 실제로 필요한지도 의심스러운 무기들을 개발해 쌓아 뒀지요. 그러다 보니 사회를 위해서 더 나은 일에 쓸 수 있는 돈과 자원을 낭비하게 됐고요. 그것처럼 지금은 내 지위를 유지하기 위한 일종의 군비 경쟁이 일어났고, 극소수만이 승자가 될 수 있는 시장에서 승리하기 위해 생산적이지도 않은 능력 쌓기에 개인들이 제각기 시간과 돈을 쏟아붓고 있습니다. 그래서 결과적으로는 사회적 낭비가 생겨나고요.

모두 내 탓, 모두 네 탓

능력주의는 이런 현실을 별로 탓하지 않습니다. 아니, 오히려 부추깁니다. 이런 현실 자체를 능력주의가 만들어 낸 것이기도 합니다. 능력이 다르면 보상도 달라야 한다는 것은 일종의 이데올로기가 돼 버렸어요. 그러면서 불평등을 막는 힘이 돼 주던 사회의 규범이 무너졌습니다. 하지만 과연 얼마만큼의 보상이 적절할까요? 10퍼센트가 전체 소득의 절반을 가져가는 것은 적당한가요? 1퍼센트가 67억 명이 버는 만큼의 돈을 버는 것은 적당한가요?

미국 하버드대학교 교수인 마이클 샌델은 능력주의 때문에 차별이 굳어지고, 오히려 능력에 따라 보상을 받아야 한다는 원칙을 무너뜨리는 지경에 이르렀다고 말합니다. 능력이 뛰어난 사람들이 그렇지 못한 사람들보다 더 많은 부와 권력과 명예를 갖는 것이 정당한 일이 돼 버리면, 능력이 부족한 사람들이 가난에 시달리고 차별과 모욕을 받는 것은 '그들 탓'이라는 생각을 하게 된다는 거예요.

자기 능력도 있지만 부모의 능력, 날 때부터 우연히 주어진 재능, 운 좋게 잘사는 나라에 태어난 덕에 누릴 수 있었던 여러 가지 혜택 같은 게 분명히 있는데도 '내가 잘나서 잘 버는 것'이라는 생각만 하게 됩니다. 내가 상위 계급이 된 것은 내가 노력해서 능력을 갖췄기 때문이야, 그러니 좀 더 누리는 게 당연해! 돈을 더 많이 가짐으로써 더 많은 걸 누리게 되는 것을 넘어, 도덕적으로도 우월하다고 느끼는 겁니다. 반대로 경쟁에서 밀린 사람들은 능력이 모자라서, 노력을 덜 해서, '힘들게 살아도 마땅한' 사람들이 됩니다. 심지어 밀려난 사람들 스스로도 '내가 이렇게 된 것은 능력이 부족하고 노력을 덜 했기 때문이야.', '못 배웠으니 이렇게 된 거지.'라는 생각을 하게 됩니다. 특히 교육 현장에 계신 선생님들이 이런 얘기를 많이 하세요. 예전에는 가난한 집에서 자란 학생들이 '공부를 열심히 해서 더 낫게 살아야겠다.'는 생각을 많이 했는데, 요즘에는 가난하니 어쩔 수 없다면서 체념하는 학생들이 늘었다고.

치열한 경쟁 속에서 패배자가 되지 않기 위해 나보다 더 약한 사람들, 만만한 사람들에게 화살을 돌리기도 합니다. 여성이나 장애인, 이주 노동자나 난민, 가난한 사람들이 주로 화살을 맞습니다. 사회 전체를 바꾸려고 하기보다는 내 능력이 부족한 탓을 하고 체념하거나 나보다 약한 사람들을 미워하는 게 더 쉽습니다. 그렇게 능력주의는 혐오를 낳기도 합니다.

지나친 학력 경쟁 속에서 서열 매기기를 당연하게 생각하는 문화도 혐오를 낳는 배경 중의 하나가 됩니다. 청소년기에, 혹은 대학 시절에, 여러 종류의 생각이나 주장들이 정당한지 스스로 묻고 곱씹어 보면서 자신의 가치관을 만들고 판단을 내릴 수 있어야 하는데, 학벌 사회에서는 그렇게 자율적인 개인으로 성장하기가 힘든 구조라는 겁니다. 한국 사회를 유심히 들여다본 박노자 교수는 글에서 이렇게 표현했어요.

"암기 경쟁을 위해서 10여 년 동안 관리되는 젊은이가 그런

자율성이나 주체성을 얻기는 불가능하다." 자율성보다는 서열 의식이 머리를 지배하게 되고, 삶과 학습의 유일한 목표가 서열이 높은 집단에 들어가는 것이 돼 버린다는 거죠. "학벌 사회에서 자라는 아이는 아파트 평수가 작은 친구나 학교 성적이 부진한 친구, 나아가서 다문화 가정 출신의 친구를 무시하기가 매우 쉽다. 학벌 사회에서 키워진 남성들은 매우 쉽게 '여성혐오'의 유혹에 빠진다. 남성보다 '감히 더 잘나가는' 것 같은 여성들은 신성한 서열에 대한 도전자로 인식되는 것이다."

한국에는 이주 노동자, 결혼 이주민, 외국 국적의 한국 동포, 외국에서 온 유학생 등 200만 명이 넘는 이주민이 있습니다. 이주민이 한국에서 일을 하려면 허가를 받아야 하고, 심지어 어떤 직종에 고용된 이주민들은 회사를 옮길 수도 없습니다. 취업을 비롯해 모든 면에서 '내국인'보다 불리합니다. 그런데도 사실을 잘 모르는 이들이 "이주민은 세금을 내지 않는다더라."라는 잘못된 정보로 그들을 공격합니다. "중국 동포들이 건강보험료를 다 빼먹는다."는 댓글도 인터넷에 심심찮게 올라오지요. 한국에 들어와 사는 난민은 5,000만 인구 가운데 3,200여 명뿐인데도 "난민들이 일자리 빼앗아 간다."고 주장하는 사람들이 있고요.

무엇보다 심한 것은 여성혐오입니다. 일을 하면서 돈을 버는 사람들의 비율을 가리키는 경제 활동 참가율을 볼까요. 남성은 2021년 3월 현재 72퍼센트가 경제 활동을 하고 있는데 여성은 절반이 조금 넘는 52퍼센트에 그칩니다. 그런데 유일하게 여성 참가율이 높은 연령층이 20대입니다. 남성은 60퍼센트에 조금 못 미치고, 여성은 62퍼센트로 조금 높습니다. 이 연령대의 젊은 남성들 사이에는 '한국 사회에서 여성이 혜택을 입고 있다.', '남자들이 군대에 가 있는 동안에 여자들은 취직해서 돈을 번다.'는 여성혐오 정서가 특히 많습니다.

하지만 30대로 가면 남성의 90퍼센트가 경제 활동을 하는데 비해 여성은 64퍼센트로 확 꺾입니다. 출산, 육아 등의 부담을 떠안아야 하고 직장에서의 차별도 많아 밀려나는 여성들이 많은 거지요. 2017년 한국에서 여성들은 남성들이 버는 임금의 65퍼센트만 받았어요.

미움의 화살을 돌리기 위해서는 현실을 무시하고 숫자를 거부하는 수밖에 없습니다. '여성들이 내 몫을 빼앗아 간다.'고 하면, 여성들과 남성들 간의 일자리 차이나 소득 차이를 이해할 수 없습니다. 여성들이 실제로 덜 가져가고 있으니까요. 기업 경영진이나 정치 중심에 선 사람들 중에도 남성이 압도적으로 많지요. 권력을 쥐고 제도를 만드는 사람들이 '혐오의 대상'인 여성이나 성소수자, 장애인과 이주자들인가 늘 되물어야 합니다.

이럴 때 흔히들 여성들이 임금을 덜 받는 것은 '능력이 없어서', '열심히 일하지 않아서'라는 논리를 펼칩니다. 그러나 먹고사니즘에 모두가 힘든 이유를 '나와 다른 존재'에게서 찾으면 제도적으로 해결할 힘이 없어져요. 내 몫을 가져가는 사람이 누구인지, 왜 그렇게 많은 몫을 가져가는지, 내가 능력을 쌓는다고 해서 문제를 해결할 수 있는 것인지를 봐야 합니다.

누구에게 유리하게 해 주는 게 합리적일까

우리가 '능력'을 말할 때, 남보다 공부나 일을 더 잘하고, 더 좋은 일자리를 얻어서 더 많이 벌고, 남보다 더 높은 자리에 올라갈 수 있는 힘을 주로 생각하게 됩니다. 잠시 능력이라는 말의 가장 기본적인 뜻으로 돌아가 볼까요. 건강을 지킬 수 있을 정도의 음식을 구하는 능력, 학교에 갈 수 있는 능력, 일을 하러 다닐 수 있는 능력……. 사람이 가져야 하는 기본적인 능력은 안전하게 어느 정도의 삶의 질을 누리며 살아갈 수 있는 힘이라고 볼 수 있습니다. 노벨경제학상을 받은 인도 출신의 세계적인 학자 아마티아 센은 능력을 '복지를 확보할 수 있는 자유'라는 측면에서 바라봅니다. 그런데 그 자유를 누릴 수 있는지는 사람에 따라, 처지에 따라, 주어진 사회적 환경에 따라 다릅니다. '버스를 탈 수 있는 능력'이라는 아주 간단한 능력을 예로 들어 볼게요. 세상에는 버스를 탈 수 있는 사람이 많지만 그러지 못하는 사람도 있습니다. 이유는 다양합니다. 버스 요금을 낼 돈이 없어서, 장애가 있는데 버스에 장애인 탑승을 도와주는 장비가 없어서, 몸이 아파 집 밖에 나가기 힘들어서, 혹은 정말 단순하게 동네에 버스가 들어오지 않아서.

능력이 저마다 다른 것은 불평등을 낳는 원인이지만 또한 불평등이 낳은 결과이기도 합니다. 사회가 불평등하면 많은 사람이 기본적인 능력들을 잃고 결핍에 시달리게 됩니다. 그 사회의 어떤 요인들이 어떤 집단에게서 어떤 능력을 빼앗고 있는지를 생각해야 하는 이유입니다. 한국에서 이제 굶는 사람들은 거의 없지요. '절대적인 빈곤'은 사라졌습니다. 하지만 돈이 넉넉하지 않아 사교육을 많이 받지 못한다는 이유만으로 원하는 학력을 가질 수가 없다면 그것도 결핍이 되는 거예요. 특정 성별이라는 이유로, 외국에서 태어났다는 이유로, 장애를 가지고 있다는 이유로, 교육 수준이 높지 않다는 이유로 원하는 일을 할 수 없다면 그것도 결핍입니다. 우리가 능력주의라고 말하는 것들이 실제로는 누군가의 기본적인 자유를 빼앗는 것이 될 수도 있습니다. 그렇다면 그 결핍은 누구의 책임일까요.

앞서 말했듯 상위 1퍼센트가 될 확률은 1퍼센트일 뿐이고, 10퍼센트에 속하는 사람은 숫자 그대로 10명 중 1명입니다. 내가 나머지 99 혹은 90에 속할 가능성이 훨씬 더 높다는 것, 인정하고 싶지 않아도 그것이 현실입니다. 내가 위쪽으로부터 몇 퍼센트에 속할 것인지를 결정짓는 요인이 오로지 내가 쌓은 능력이라고도 할 수 없습니다. 내가 용케 부잣집에 태어났을 수도 있지만 가난한 집에서 자랐을 수도 있고, 남성일 수도 있지만 여성이나 핍박받는 성소수자일 수도 있고, 몸이 허약할 수도 있고, 머리가 나쁠 수도 있습니다. 우리는 미리 알고 태어나는 게 아니잖아요.

그렇다면 맨 꼭대기 층 사람들이 아닌 '나머지 사람들'을 위해서 안전장치를 만들어야 합니다. 미국 학자 존 롤스가『정의론』에서 제안한 게 바로 그런 장치입니다. 롤스는 '무지의 베일(veil of ignorance)'이라는 말을 했어요. 내가 법을 만드는 국회의원이라고 상상해 보는 겁니다. 그런데 나는 내가 어떤 존재인지 모릅니다. 성별도, 고향도, 민족도, 피부색도, 지능도, 재산도, 건강 상태도, 아무것도 모릅니다. 이런 상황에서 나는 누구에게 유리하게 법을 만들 것인가? 내가 누구인지 모르기 때문에, 누구든 최악의 상황으로 밀어내지 않고 적어도 어느 정도는 보호를 받을 수 있도록 법을 만드는 게 합리적입니다. 우리 모두 '아래쪽 90퍼센트'에 있을 확률이 훨씬 높으니까요.

좀 더 근본적인 의문을 던져 볼 수도 있습니다. 능력 중에 적잖은 것들이 타고난 운에 달려 있다면 능력과 성과에 따른 보상이라는 목표 자체가 정말로 공정한지 다시 생각해 보는 거죠.

오스트리아 태생의 철학자였던 이반 일리치라는 사람은 이런 얘기를 했어요. 오래전에는 더 많이 아는 사람이 덜 아는 사람들을 가르쳤는데, 교육 제도가 생겨나고 '교사 자격증'이 생기면서 더는 자격증 없는 사람은 누구를 가르칠 수 없게 됐다고. 모두가 자기 집을 짓고 살았는데, 건축과 설계와 집짓기의 모든 영역에 자격증과 허가가 생겨나면서 이제는 자기 집을 제 손으로 지을 수 없는 시대가 됐다고. 학력을 모든 자격의 기준으로 여기는 사고방식이 어쩌면 우리 다수를 어떤 면에서는 쓸모없는 사람으로 만드는 것인지도 모릅니다.

지금까지 능력에 대한 믿음이 일그러져 학력주의로 변질되고, 불평등을 부추기는 도구가 되어 온 과정을 살펴봤습니다. 이제 현재와 미래로 눈을 돌려서 인공지능과 기계가 사람의 일을 점점 대신하는 시대에 능력주의가 어떤 한계를 갖고 있는지를 짚어 보고, 악순환에서 벗어나기 위해 생각해 볼 수 있는 해법들을 살펴보겠습니다.

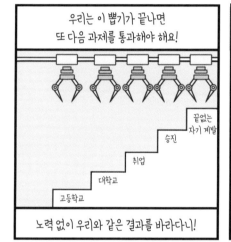

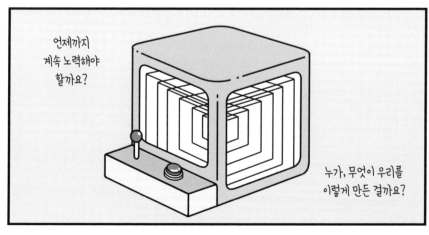

6장

함정에서
벗어나려면

포스코에는 1년 365일, 하루 24시간 일하는 직원이 있습니다. 이름은 RPA, 자료를 입력하고 통계를 내고 데이터를 전달하는 일을 합니다. 이 직원은 사실 '업무 처리 자동화 로봇(Robotic Process Automation)'이라는 프로그램입니다. 하지만 포스코의 직원 명단에 팀장, 과장, 대리를 지나 제일 밑에 이름이 올라와 있는 엄연한 '사원'이라고 합니다. 포스코에만 있는 것이 아니라, RPA에게 단순하고 반복적인 업무 처리를 맡기는 것이 기업들의 추세가 되고 있습니다.

2020년 6월, 미국 마이크로소프트(MS)사는 마이크로소프트 포털서비스(MSN)에서 일하던 계약직 뉴스 제작 인력 수십 명을 줄이고 그 업무를 인공지능(AI)으로 대체했습니다. 뉴스 페이지를 만들고, 콘텐츠를 기획하는 일을 자동편집 시스템에 맡기는 편이 기업 입장에서는 유리하다는 판단을 한 거죠.

열심히 일하면 보상받는다는 것은 산업화 시대를 거치며 굳건해진 믿음이었습니다. 그러나 일자리가 점점 줄어들고 경쟁이 심해지면서 능력에 대한 믿음은 슬그머니 학력주의로 대체되고, 과잉 학력과 스펙 사회의 악순환에 빠져들게 됐지요. 그런데 지금 우리가 맞고 있는 상황은 이전과는 확연히 다릅니다. 인공지능(AI)과 로봇 기술이 빠르게 진화하면서 이제 '사람의 일'이 점점 줄어들고 있습니다. 거기에 고령화와 기후 변화 대응 같은 사회경제적인 요소들이 끼어들면서, 앞으로 우리가 할 수 있는 일이나 우리가 갖춰야 하는 능력도 크게 달라지고 있습니다.

노력과 능력으로 오르기 힘든 인공지능 시대의 사다리

미국 노동부가 꼽은 '2029년의 일자리 전망'을 잠깐 인용해볼게요. 2021년 1월 미국 노동부는 2019~2029년 사이에 일자리가 가장 많이 늘어날 수 있는 직종과 줄어들 직종을 선별해 발표했습니다. 가정 내 건강 관리와 관련된 일자리는 미국에서 116만 개가 늘어날 것이고, 패스트푸드 분야의 일자리는 46만 개 증가할 것으로 봤습니다. 요리사와 소프트웨어 개발자, 간호사와 의

료보조원 등 건강 관리 관련 일자리가 많아질 것으로 예측했습니다. 전체적으로 전망이 밝은 분야는 보건의료 부문, 사회서비스 부문, 컴퓨터/수학 관련 부문이었습니다. 풍력터빈기술, 간호/돌봄, 태양광 관련 기술, 직업훈련, 통계, 물리치료, 정보보안분석 분야에서 일자리가 25퍼센트 이상 늘어날 것으로 전망했습니다.

디지털 경제로 가면서 하이테크 노동자들 수요가 늘고, 컴퓨터와 수학 관련 직업은 2030년까지 다른 분야에 비해 일자리가 평균 3배 빨리 늘어날 것으로 봤네요. 컴퓨터 소프트웨어 개발자들이 받는 연봉 가운데 중간 정도에 해당하는 액수가 약 10만 달러인데 10년 뒤에는 31만 달러로 늘어날 것이라고 예상했습니다. 반면에 세일즈, 제조업 생산, 기업의 행정/관리 노동자는 줄어들 것이라고 했습니다. 로봇 기술 때문에 생산직 일자리가 미국에서만 42만 개 사라질 것으로 내다봤습니다.

인공지능과 로봇의 시대에 사라질 일자리와 떠오르는 일자리를 분석한 자료들은 많습니다. 전문가들은 공통으로 로봇과 컴퓨터 프로그램이 대체할 수 있는 직업군이 가장 먼저 사라질 것이라고 예상합니다. 오랜 시간 동안 반복적으로 해야 하는 일은 기계가 하게 될 가능성이 큽니다. 정보 기술 분야에서도 단순히 데이터를 입력하거나 계산하는 것은 컴퓨터가 맡을 공산이 큽니다. 텔레마케터나 상점의 계산원은 줄어들겠죠. 심지어 요새는 기업들이 소비자 상담까지도 인공지능 챗봇에 많이 맡기는 추세입니다. 홍채 인식이나 얼굴 인식 같은 기술이 발전하면서 보안/경비 인력도 수요가 줄고 있습니다. 물리적인 보안이 아니라 정보 보안 분야가 성장할 것이고, 무인 자동차가 상용화하면서 교통과 운송 부문에서도 일자리 격변이 일어날 것이고…… 급변하는 시대에 어떤 능력을 가져야 살아남을 것이냐, 생각만 해도 어질어질합니다. 이런 시대에도 학력 신화는 무너지지 않고 살아남을 겁니다. 하지만 대학 이름이 적힌 졸업장만으로 좋은 직장에 취직하거나 평생 소득을 보장받을 가능성은 점점 낮아집니다.

일본 정보기술기업 후지쓰가 웹사이트에 올려놓은 '인공지능 시대의 생존 기술'을 들여다볼까요. 이 자료는 은행 직원들이 자동현금지급기(ATM)에 밀려난 예를 들면서, 미래에 생존할 수 있으려면 창의력과 '사회적 기술'을 갖춰야 한다고 말합니다. 사회적 기술은 뭘까요. 공통의 목표를 이루기 위해 다른 사람들과 협업하는 기술, 협력을 통해 해법을 찾아가고 목표를 달성하는 능력을 말합니다. 새로운 아이디어를 생각해 내는 능력과 감성, 그리고 다른 사람들과의 상호작용은 컴퓨터가 쉽게 따라할 수 없습니다. 소셜 미디어 같은 기술을 활용해 다른 사람들과 상호작용하고, 잠재력과 창의성을 계속 키울 수 있도록 자극을 주고받는 것이 중요하다고 이 글은 지적합니다.

인재를 양성한다지만, 통과하기엔 '너무 좁은 문'

창의성, 아이디어…… 이런 능력이 필요하다는 것을 모르는 사람이 있을까요. 문제는 실제로 어떤 기술이 어떻게 응용되고 있는지, 구체적으로 어떤 분야가 어떻게 발전할지, 어떤 일자리에서 어떤 기술을 요구하는지 파악해서 거기 맞는 훈련을 받고 내 능력을 키우는 것이 생각만큼 쉽지 않다는 거죠. 엄마 아빠 시대에는 일단 직장에 들어가면 회사에서 시키는 대로 일을 배우고, 직급이 올라가면 거기 맞춰서 일을 하고 지시를 했어요. 그런데 지금은 그렇게 해서는 취직도 못 해요. 내가 어떤 기능을 갖추고 있고 어떤 능력이 있으며 어떤 잠재력이 있는지를 보여 줘야 취업을 할 수 있고, 기업들도 그렇게 준비된 사람들을 원하니까요.

각자 알아서 돌파하라는 식으로는 산업에 필요한 노동자들을 충원하기 힘들기 때문에 대학들은 기업의 요구에 맞춰서 인공지능과 로봇기술을 학생들에게 가르치고, 또 정부들도 '인공지능 시대의 인재 양성'에 나서고 있습니다. 기술이 급속히 진화하는 시대에 맞춰 능력을 갖추는 것은 개인의 목표이기도 하지만 국가적인 과제이기도 한 것이죠.

이를테면 미국은 '인공지능 이니셔티브 행정명령'이라는 것을 2019년에 내놓고 연구 개발 투자를 선언했습니다. 중국은 그보다 2년 앞서서 '차세대 인공지능 발전 계획'을 만들었습니다.

정부가 나서서 데이터와 인공지능 분야에 투자해 인력을 양성하고, 기업들을 지정해 제각기 강점을 가진 플랫폼을 만든다고 하네요. 바이두는 자율주행차, 알리바바는 스마트 도시, 텐센트는 의료와 헬스 플랫폼을 만드는 식으로요. 대표 기업들이 플랫폼을 만들고, 정부 지원 속에 데이터를 쌓고, 그걸 기반으로 다시 기술을 진화시킨다는 거죠.

일본은 알다시피 고령화가 세계에서 가장 빠르게 일어난 나라입니다. 일본이 2019년에 내놓은 인공지능 전략을 보면, 해마다 이 분야의 기술인재 25만 명을 키운다는 내용이 담겼습니다. 눈길을 끄는 것은 특히 '고급 인재' 연간 2,000명과 '최고급 인재' 연간 100명을 양성하겠다고 한 겁니다.

한국도 빠지지 않습니다. 2017년 4차 산업혁명위원회를 만들어서 DNA, 즉 데이터와 네트워크와 인공지능을 3대 혁신산업으로 선정했습니다. 2년 뒤 대통령이 발표한 '인공지능 국가 전략'도 다른 나라들의 구상처럼 정부가 돈을 투자해 인력을 키우고 산업을 발전시킨다는 내용입니다. 한국의 반도체 경쟁력은 세계 최고 수준이니 이것을 지렛대로 삼아 인공지능 시대에 필요한 신개념 반도체를 개발하겠다는 겁니다.

이 국가전략에서는 '사람 중심의 인공지능 실현'을 내세운 것이 눈에 띕니다. "어릴 때부터 쉽고 재미있게 소프트웨어와 인공지능을 배우고 모든 연령과 직군에 걸쳐서 전 국민이 기초 역량을 얻도록 교육 체계를 구축하겠다.", "혜택을 모든 국민이 고루 누릴 수 있도록 일자리 안전망을 만들겠다."고 합니다.

그럼에도 불구하고, 누군가는 도태될 수밖에 없습니다. 새로운 기술이 등장하면서 일자리의 판도가 바뀌는 일은 역사상 늘 있었습니다. 18~19세기에 산업 혁명이 일어나면서 농민과 수공업자들이 대규모로 실업을 했던 것이나, 자동화 기술이 발전하면서 공장 노동자들이 밀려난 것처럼요. 화이트칼라로 불리는 사무실 노동자들도 컴퓨터로 많이 대체됐지요. 그런데 이제는 우리가 지금까지 전문가라고 불려 왔던 사람들도 일자리가 흔들립니다. 기술발전의 속도가 빨라질수록 밀려나는 사람들은 많아집니다. 개인의 능력을 키우는 것과 함께 '그들을 버릴 것인가', '우리는 버려질 것인가' 하는 문제를 고민해야 합니다.

안전장치를 만들자

이미 너무 심각한 불평등은 인공지능 시대에 더 심해질 수 있습니다. 불평등을 조금이라도 누그러뜨리고 안정된 삶에서 밀려나는 사람들을 줄이기 위해 미국 저술가 로버트 프랭크는 '지위 군축협정'을 얘기합니다. 앞서 '지위의 군비 경쟁'에 대해 설명했지요. 그 부작용이 너무 심각해졌으니 이제 군축을 해야 한다는 것입니다. 한 줌의 승자들이 너무 많은 몫을 가져가지 못하게 제도적으로 막자는 뜻입니다. 미국 프로 스포츠에서는 수익금 분배 협약을 맺어서, 한 팀이나 선수가 너무 많은 몫을 차지하지 않게 하는 장치가 있습니다. 리그 전체 수입에서 일정 비율을 넘지 않도록 상한선을 정한 겁니다. 그래야 돈 없는 작은 팀들도 살아남고, 아직은 최고가 아니지만 잠재력이 있는 신인 선수들도 설 자리를 얻고, 전체 스포츠가 살아날 테니까요. 다른 분야로 확장해 보면 기업에서 성과급에 한도를 정하거나, 생산성 무한 경쟁을 강요하지 않게 하는 조치들이 있습니다. 소득세를 올리고, 특히 부동산이나 금융 투자로 벌어들인 것과 불로 소득에 높은 세금을 매기는 것도 그런 불평등을 줄이는 조치에 해당됩니다. 사회 보장을 강화하는 광범위한 정책들도 마찬가지이고요.

인공지능 전문가들 중에 '기본소득'을 이야기하는 사람들이 적지 않은 이유는, 노력과 능력만으로는 계층의 사다리를 올라가는 것이 불가능한 시대가 됐기 때문입니다. 나라마다 나서서 인재를 양성하고 국민들의 능력을 키운다고 하지만 모두가 승자가 될 수는 없습니다. 기술발전 시대의 승리자가 되는 문은 너무 좁습니다. 그러니 너무 많은 사람이 불행해지지 않도록 제도를 만들어 두자는 겁니다.

기본소득은 능력에 상관없이, 일을 하지 않거나 할 수 없어도 모두에게 약간의 돈을 주는 것을 말합니다. 능력주의에 정면으

2016년 스위스에서 약 300만 원의 '기본소득 도입'에 대한 국민투표가 약 76퍼센트의 반대로 부결되었다. 그 뒤 찬성하는 사람들이 스위스 의회 앞에서 5센트 동전 800만 개를 쏟으며 시위를 했다.

로 위배된다고요? 능력대로 먹고 살아야 한다고 믿고 있지만, 코로나19 때문에 기업들 매출이 줄고 실업이 걱정되니까 다들 '해고를 막는 것'을 우선순위로 꼽게 됐다는 조사를 앞서 언급했습니다. 식당과 상점들이 휘청거리고 사람들 주머니가 얇아지니 각국 정부들이 앞다퉈서 경제를 살리기 위해 현금을 나눠 주고 있지요. 코로나19 같은 비상사태가 아니더라도 최소한도로 먹고사는 데에는 지장이 없게 하자는 것이 기본소득의 개념입니다.

어떤 이들은 기본소득을 주면 '사람들이 게을러져서 일을 안할 것', '능력을 키우려는 동기가 없어져서 결국 생산성이 떨어질 것' 혹은 '빨갱이 공산주의자들이나 하는 얘기'라며 반대하기도 합니다. 하지만 반대로, 모두가 먹고살 수 있게 되는 것이 시민의 당연한 권리라고 말하는 사람도 많습니다. 정부는 특허 제도와 법률 제도를 비롯해 기업들의 이익을 보장해 줄 수 있는 제도를 운용하고 있습니다. 시민들이 낸 세금으로 유지되는 그런 제도들 덕에 기업이나 뛰어난 사람들이 돈을 벌 수 있는 겁니다. 시 정부가 지하철을 깔면 역 주변 집값이 올라갑니다. 한 나라나 지역에 있는 자원을 공기업이나 민간기업들이 개발하면 그 기업의 수입이 됩니다. 방송사들이 프로그램을 만들어 시청자를 끌어모으는 것은 그들의 능력인 것 같지만, 자연 상태에 온 우주에 존재하는 주파수 가운데 일부를 자기네들만이 이용할 수 있도록 정부의 허가를 받아 독점을 하기 때문에 그런 장사도 할 수 있는 겁니다.

이런 수익들 중에 오로지 능력만으로 번 돈은 몇 퍼센트나 될까요? 모두의 것을 활용하고 모두의 자산을 기반으로 삼아 이익을 거둔 측면이 있으니, 그 가운데 일부를 떼어 내 모두에게 돌려주자고 하는 것이죠. 미국의 기업가이자 저술가인 피터 반스는 그래서 기본소득이라는 말 대신 '시민배당'이라는 말을 씁니다. 시민들이 낸 세금으로 유지되는 법과 제도 덕에 이익을 얻었다면 그만큼 시민들에게 이익의 일부를 배당해 주라는 겁니다.

먹고살기 힘든 사람들이 있는 것은 세상의 부(富)가 모자라서가 아니라 분배가 고르게 되지 않아서인 만큼, 약간만 고르게 해 줘도 모두에게 먹고살 만큼의 자산이 돌아갈 수 있다고 반스 같은 이들은 주장합니다. 아프리카 최빈국 사람들 일부가 굶주리는 것이 지구 전체에 곡물이 모자라서는 아니잖아요. 세계화된 시장에서, 사고팔리는 식량의 흐름이 그들에게 이어지지 않기 때문에 그런 것이죠. 이미 온 세상의 생산성이 높아지다 못해 사람이 필요 없어지는 수준으로 향해 가고 있으니 그 생산성의 결과물을 나눠 가져야 한다는 목소리가 늘고 있습니다.

또한 생산활동은 기업들에게는 돈을 벌어다 주지만 사회 전체로 보면 환경을 파괴하고 오염 물질을 배출하는 활동이기도 합니다. 그런데 이익은 기업이 몽땅 가져가고, 피해는 모두가 나눠서 짊어져야 합니다. 이렇게 남들에게 알게 모르게 떠넘긴 비용을 정부가 거둬들여 시민들을 위해 쓰는 것도 시민배당의 하나가 될 수 있습니다. 이런 생각은 새로운 것 같지만 이미 1920년대부터 영국에서 '돈의 본질'이 많은 사람을 소외시킬 수 있다고 주장하면서 기본소득의 개념을 주장한 사람들이 있었답니다. 세상이 점점 불평등해지고 있다는 깨달음과 위기의식이 늘면서 거기에 찬성하는 목소리가 최근 몇 년 사이에 많이 늘어난 것이고요.

능력주의를 고치는 것, 꿈이 아니다

아직은 꿈 같은 이야기로 들리나요? 하지만 사실 사회 보장과 복지라는 발상 자체가 이런 개념과 맞닿아 있습니다. 노동 시간을 규제해서 몸이 버티지 못할 만큼 일하는 사람들이 없게 하고, 최저 임금을 정해서 누구든 그 이상은 받게 하고, 전염병 같은 비상사태가 들이닥치면 재난지원금을 줘서 돈이 좀 돌게 하는 것도 아마 19세기 사람들에게는 꿈 같은 이야기였을 겁니다. '일할 힘이 없는 사람, 더 많은 돈을 벌 실력이 없는 사람은 굶든 말든 내쳐라.'라고 하는 것은 옳지 않다는 생각에서 만들어 온 제도들이 우리에겐 아주 많습니다.

능력주의가 우리에게 가져다준 것들이 많지만 이제 그 부작용을 직시하고 고칠 때도 됐습니다. 그런데 정부의 정책이나 법을 능력주의 특히 학력주의의 승자들이 좌지우지하면 밀려나는 사람들까지 배려하는 법과 제도가 만들어지기 힘듭니다. 그렇게 본다면 능력 있는, 학벌 좋은 사람들이 정치를 해서 법과 제도를 만들고 통치를 하는 것이 가장 좋은 제도일까 하는 의문이 듭니다. 선거 때만 되면 후보들이 홍보물을 나눠 주는데, 어느 학교에서 무슨 학위를 받았는지를 적습니다. 미국에서나 유럽에서나 정치인들의 학력이 일반 시민들에 비해 많이 높아지는 추세라고 하고요. 2020년에 당선된 한국의 국회의원들만 봐도, 보통 사람들과는 학력과 성별과 연령별 분포가 너무나 다릅니다. 남녀 성비가 8 대 2이고, 50대가 압도적으로 많습니다. 또 하나 눈에 띄는 것은 학력입니다. 한국의 성인 인구 가운데 대학 졸업자는 절반 정도인데, 국회의원 가운데 대학을 나오지 않은 사람은 300명 중에 1명밖에 없습니다. 심지어 국회의원 절반 이상이 대학원을 나왔습니다. 의원 10명 중 4명은 이른바 '스카이(SKY)' 대학 출신입니다.

유교 사회의 전통과도 이어진 '학식이 있어야 통치를 한다.' 는 발상이, 현대의 학벌주의와 맞물리면서 이런 현상을 빚어낸 것 같습니다. 어느 대학을 나왔다, 하면 기본적인 능력이 있는 사람으로 여기기 쉽다는 겁니다. 하지만 정말로 그들에게 맡기는 게 좋은 정치를 누릴 수 있는 가장 좋은 방법일까요? 그들이 보통 사람들을 대표한다고 굳게 믿을 수 있을까요?

민주주의가 탄생한 고대 그리스의 아테네에는 평의회라는 것이 있었대요. 부족이나 파벌들이 각각 사람들을 추첨해서 평의회에 보내면 거기서 정치적인 결정을 내렸습니다. 중요한 결정을 내리는 사람들을 선거로 뽑으면서 우리는 그들의 능력을 본다고 하지만 어쩌면 능력주의에 빠진 우리가 학력 높은 사람들을 지나치게 숭상하고 믿는 것일 수도 있습니다. 진짜로 사회에 큰 해악을 미치는 범죄들은 못 배운 사람들이 아니라 많이 배운 사람들이 저지르곤 하는데 말입니다. 아테네의 평의회는 모두에게 열려 있는 게 아니라 특정 부족, 그것도 남성, 그리고 노예 아닌 사람들에 한정됐다는 한계가 있었습니다. 하지만 추첨으로 뽑힌 사람들도 민주적인 의사결정을 하는 데에 아무 문제가 없었습니다.

　고대 사회에서나 통할 이야기라고요? 미국의 재판에서는 경우에 따라 배심원을 활용합니다. 판사가 판결을 내리지만, 판사가 참고할 수 있도록 시민들 중에서 추첨으로 뽑힌 배심원들이 먼저 평결을 합니다. 법률 전문가가 아니더라도 사회의 구성원으로서, 시민으로서 오히려 상식적이고 합리적인 판단을 할 수 있다고 믿기 때문에 이런 제도를 둔 겁니다. 많이 배웠다고 해서 특별히 더 도덕적이거나, 사회 전체의 이익을 더 많이 생각하는 이타적인 사람이라고 믿을 보장은 없습니다. 스위스에서는 직접민주주의의 한 방식인 주민투표로 여러 정책을 결정합니다. 여기서 더 나아가, 어떤 이들은 현대 사회에도 '추첨 민주주의'를 도입해서 학력을 위주로 한 능력 신화를 깨뜨려야 한다고 제안합니다. 국회의원들을 모두 추첨으로 뽑는다면 나라가 망할까요? 학력이나 성별, 직업별, 연령별 의원 비율이 오히려 일반 시민들과 더 가까워지고 '대표성'이 더 높아지게 되지 않을까요? 추첨으로 모두 뽑자는 게 아니라, 이런저런 상상을 해 보자는 겁니다. 정치인들에게 필요한 자질은 학력보다는 시민으로서의 태도와 공동의 가치에 대한 생각이고, 이런 것들은 학력과 비례하지 않는다는 점을 생각하자는 거죠.

모두의 행복을 위해 필요한 상상력

코로나19 때문에 온 국민이 마음대로 모임도 못 하고 장사도 제대로 못 하던 때에 한 의사 단체가 의과대학 입학 정원을 늘려서는 안 된다면서 파업을 했습니다. 그러면서 이 단체는 "전교 1등 의사를 택하겠느냐, 성적은 모자라지만 추천제로 입학한 공공의과대학 출신 의사를 고르겠느냐"는 홍보물을 만들어 엄청난 비난을 받았지요. 전교 1등이어야만 의사가 될 자격이 있다는 것처럼 들리기도 하고, 공부를 잘했어야 좋은 의사라는 얘기처럼 들리기도 합니다. 하지만 실제로는 의사 숫자를 고정시켜서 자기네들 밥그릇을 지키려는 것이라는 비판이 쏟아졌습니다. 성적과 인성은 일치하지 않으며 직업인으로서의 능력도 고등학교 시절의 등수와 비례하는 것이 아닌데, 성적이 좋은 사람들만이 모든 걸 누려야 한다는 생각이 깔려 있었기 때문입니다. 심지어 그 성적조차 자기만의 능력이 아니라 부모의 뒷받침 덕일 수 있다는 사실은 무시합니다. 학력 제일주의의 민낯을 그대로 보여 준 사건이었습니다.

이미 50년 전에 로널드 도어라는 영국 사회학자는 학벌에 몰두하는 것을 '학위 병(病)'이라고 진단했습니다. 이 학자가 제안한 대안을 소개할게요. 교육을 받되, 교육 수준에 따라서 좋은 일자리로 가는 게 아니라 순서를 반대로 뒤집어야 한다고 도어는 주장했습니다. 모든 학생이 정해진 만큼의 의무교육을 받은 뒤 가장 하위 직급에서 일을 시작하는 것이죠. 일이 적성에 맞아서 상위 직급으로 올라갈 사람들은 추가로 교육을 시킵니다. 먼저 공무원부터 이렇게 하자고 그는 제안했습니다.

꼭 이런 방식은 아니더라도, 시험 한 번으로 일자리의 수준과 대학 이후의 인생이 모두 결정되는 것이 아니라 일하면서 얻은 경험과 능력으로 안정된 삶을 살 수 있어야 합니다. 시험을 봐서 공기업에 들어가는 사람도 있지만, 좀 낮은 보수를 받으며 일하다가 경력을 쌓아 신분을 보장받는 사람도 있을 수 있어야 한다는 얘기입니다.

능력과 보상이 비례해야 한다고 하지만 실제로 능력과 보상은 일치하지 않으며, 100퍼센트 일치해서도 안 됩니다. '무지의 베일'을 쓰고 모두가 다시 한번 생각을 해 봐야 합니다. 모두가 1등을 하면 좋겠지만 30명이 있는 반에 1등은 1명뿐이고, 1등을 할 확률은 30분의 1이죠. 1등만 행복하면 29명이 불행합니다. 5등까지 행복하면 불행한 사람 숫자는 25명으로 줄어들지만 그래도 내가 행복할 확률은 6분의 1에 불과합니다. 하지만 10등까지 행복하면? 국영수 성적 말고 미술 1등, 체육 1등, 청소 1등, 일찍 등교하기 1등, 친구 사귀기 1등인 사람들도 행복하다면, 혹은 10등까지 행복하다면? 모두가 똑같이 행복할 수는 없겠지만 더 많은 사람이 행복해지는 것이 사회의 목표가 돼야 합니다. 이를 공동선(善)이라고 부르기도 합니다. 모두 똑같은 능력을 쌓기 위해 경쟁하느라 너무너무 피곤한 우리, 능력의 다양성을 인정하고 설혹 능력이 없어도 불행 속으로 떨어지지 않게 하려고 노력하는 것이 낫지 않을까요.

모두가 경쟁에서 승자가 될 수 없어요.

이기지 않아도 모두가
행복해질 방법은 없을까요?

팬데믹 상황에서 재난 지원금을 준 것처럼 모든 시민들에게 배당금을 준다면?

저도, 실패해도
괜찮다고
지지해 준다면?

모두가 웃을 수 있는 세상은 가능할까요?

모두가 조금 더 행복한 세상을 상상해 봐요!

더 읽어 볼 책

마이클 영, 『능력주의』(유강은 옮김, 이매진)

야마구치 슈·구스노키 켄, 『일을 잘 한다는 것』(김윤경 옮김, 리더스북)

앵거스 디턴, 『위대한 탈출』(최윤희·이현정 옮김, 한국경제신문)

이한, 『중간착취자의 나라』(미지북스)

로버트 프랭크·필립 쿡, 『승자독식사회』(권영경·김양미 옮김, 웅진지식하우스)

토마 피케티, 『21세기 자본』(장경덕 옮김, 글항아리)

폴 콜리어, 『자본주의의 미래』(김홍식 옮김, 까치)

마이클 샌델, 『공정하다는 착각』(함규진 옮김, 와이즈베리)

아마티아 센, 『불평등의 재검토』(이상호 옮김, 한울)

존 롤스, 『정의론』(황경식 옮김, 이학사)

이반 일리치, 『누가 나를 쓸모없게 만드는가』(허택 옮김, 느린걸음)

에릭 브린욜프슨·앤드루 맥아피, 『제2의 기계 시대』(이한음 옮김, 청림출판)

피터 반스, 『우리의 당연한 권리, 시민배당』(위대선 옮김, 갈마바람)

클리포드 더글러스, 『사회신용』(이승현 옮김, 역사비평사)

어니스트 칼렌바크·마이클 필립스, 『추첨민주주의』(손우정·이지문 옮김, 이매진)

생각이 찾아오는 학교 너머학교

생각한다는 것
고병권 선생님의 철학 이야기
고병권 글 | 정문주 · 정지혜 그림

탐구한다는 것
남창훈 선생님의 과학 이야기
남창훈 글 | 강전희 · 정지혜 그림

기록한다는 것
오항녕 선생님의 역사 이야기
오항녕 글 | 김진화 그림

읽는다는 것
권용선 선생님의 책 읽기 이야기
권용선 글 | 정지혜 그림

느낀다는 것
채운 선생님의 예술 이야기
채운 글 | 정지혜 그림

믿는다는 것
이찬수 선생님의 종교 이야기
이찬수 글 | 노석미 그림

논다는 것
오늘 놀아야 내일이 열린다!
이명석 글 · 그림

본다는 것
그저 보는 것이 아니라 함께 잘 보는 법
김남시 글 | 강전희 그림

잘 산다는 것
강수돌 선생님의 경제 이야기
강수돌 글 | 박정섭 그림

사람답게 산다는 것
오창익 선생님의 인권 이야기
오창익 글 | 홍선주 그림

그린다는 것
세상에 같은 그림은 없다
노석미 글·그림

관찰한다는 것
생명과학자 김성호 선생님의 관찰 이야기
김성호 글 | 이유정 그림

말한다는 것
연규동 선생님의 언어와 소통 이야기
연규동 글 | 이지희 그림

이야기한다는 것
이명석 선생님의 스토리텔링 이야기
이명석 글·그림

기억한다는 것
신경과학자 이현수 선생님의 기억 이야기
이현수 글 | 김진화 그림

가꾼다는 것
'내-생태계'와 함께 성장하는 이야기
박사 글·그림

차별한다는 것
차별을 알면 다름이 보인다
권용선 글 | 노석미 그림

듣는다는 것
음악으로 듣는 너의 이야기
이기용 글 | 이유정 그림

보여진다는 것
보는 나와 보여지는 나 사이에서 살아가는 법
김남시 글 | 이지희 그림

쓴다는 것
매일매일 더 나아지는 나를 위한 글쓰기
박철현 글 | 이윤희 그림

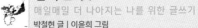

공감한다는 것
다름을 상상하고 연결하는 힘
이주언·이현수 글 | 키미앤일이 그림

그림을 그린 유수정 선생님은
대학에서 동양화를 공부하고, 만화와 디자인 등
다양한 작업을 하고 있는 젊은 작가입니다.

사진 제공: 연합뉴스(69쪽, 92쪽, 98쪽), Wikimedia Commons

나와 시험능력주의

2023년 5월 15일 초판 1쇄 발행
2024년 10월 20일 초판 2쇄 발행

지은이   구정은
그린이   유수정
펴낸이   김상미, 이재민

편집   서현미
디자인   정계수

펴낸곳   (주)너머_너머학교
주소   서울시 서대문구 증가로20길 3 - 12
전화   02)336 - 5131, 335 - 3366, 팩스 02)335 - 5848
등록번호 제313 - 2009 - 234호

너머북스와 너머학교는 좋은 서가와 학교를 꿈꾸는 출판사입니다.